張爾田 著

史微

貴州出版集團
貴州人民出版社

圖書在版編目（CIP）數據

史微 / 張爾田著 . -- 貴陽 : 貴州人民出版社 ,
2024. 9. -- ISBN 978-7-221-18646-1
Ⅰ . K092.2
中國國家版本館 CIP 數據核字第 2024AY0124 號

史微

張爾田　著

出 版 人　朱文迅
責任編輯　辜　亞
裝幀設計　采薇閣
責任印製　衆信科技

出版發行　貴州出版集團　貴州人民出版社
地　　址　貴陽市觀山湖區中天會展城會展東路 SOHO 辦公區 A 座
印　　刷　三河市金兆印刷裝訂有限公司
版　　次　2024 年 9 月第 1 版
印　　次　2024 年 9 月第 1 次印刷
開　　本　710 毫米 ×1000 毫米 1/16
印　　張　30.75
字　　數　185 千字
書　　號　ISBN 978-7-221-18646-1
定　　價　88.00 元

出版説明

《近代學術著作叢刊》選取近代學人學術著作共九十種，編例如次：

一、本叢刊遴選之近代學人均屬于晚清民國時期，卒于一九一二年以後，一九七五年之前。

二、本叢刊遴選之近代學術著作涵蓋哲學、語言文字學、文學、史學、政治學、社會學、目録學、藝術學、法學、生物學、建築學、地理學等，在相關學術領域均具有代表性，在學術研究方法上體現了新舊交融的時代特色。

三、本叢刊遴選之近代學術著作的文獻形態包括傳統古籍與現代排印本，爲避免重新排印時出錯，本叢刊據原本原貌影印出版。原書字體字號、排版格式均未作大的改變，原書之序跋、附注皆予保留。

四、本叢刊爲每種著作編排現代目録，保留原書頁碼。

五、少數學術著作原書内容有些許破損之處，編者以不改變版本内容爲前提，稍加修補，難以修復之處保留原貌。

六、原版書中個别錯訛之處，皆照原樣影印，未作修改。

由于叢刊規模較大，不足之處，懇請讀者不吝指正。

重定史微内篇　目録

卷一

卷二

卷三

卷四

卷五

卷六

卷七

卷八

序

遯堪寫定史微三祺矣以鍥本視余且謂子知我者有稽商之益序莫子宜余不敢辭序之曰顯哉遯堪之竺於學也嘗耳識家言嬴政滅術黑不代毋書籍散孔不絕此蓋囈語然九流道泰堙其源經壁出桀者以詩禮扣冢數百年學者睍睍然瞀瞀然相隨於途中又況培胥靡勝下獄仲舒官不至丞相御史其儔無顯者辟儒譁世獨一公孫宏乃富且貴漢之經學抑何如五斗米於漢魏佛於六朝隋唐之間宋賢起揉於儒而治之陰盜陽距之不暇世拏然曰經亡矣吾僂夫經之亡其殆漢始哉輓近學人得李斯篆汗簡奇字哆口不能讀懷鉛握槧稍稍爬

疏許祭酒而止耳鄭司農而止耳孳經書東京上及麟史譁然
魁於衆矣尚不敢肩邵公剏嚴顏百氏之籍依斷文諟正其寫
官與鄭者較優絀揭櫫謂之學可乎不可也君爲之躪藉杝胡
懇懇勤勤乃若是雖然君少溺苦於學書叢雜巿闠今不自揆
成此篇震東啟明意非無待者一昔滄海揚塵焚坑殘燼挾巨
壑舟席捲而去空山朽屋索爲秦伏生女傳言授經不可得獲
童之歌明夷詔之矣堯幽囚舜野死吾不知誦黃虞者何世識
眞不足信哉揚子演玄張衡撢之以爲漢四百與玄符君書走
寰內知其故者當竢後之人余獨攄所蘊憤於是乎書歲在玄
默困敦東山老民德謙氏譔

史微題辭

日月麒麟闢，乾坤鳳鳥翔。斯文留竹帛，大典在烝嘗。冠帶朝羣后，蠻夷走八荒。憑誰遵正朔，翼翼我文王。公羊家說春王正月曰王者孰謂謂文王也近儒因謂文王指孔子雖無確據然孔子曰文王既沒文不在茲乎則孔子之道卽文王之道也故唐代謚我孔子爲文宣王得其實矣

萬古苞符史，風雷柱下開。入騎青犢去，帝殺黑龍來。諸子中道家墨家皆出於史最爲大宗而史統卒歸尼山者蓋天意也

抱器周官缺，求書禹穴哀。茫茫瞻六合，誰是素王才。素王空王也孔子有德無位垂空文以制義法故曰素王史記殷本紀伊尹爲湯言素王九主之事則素王之稱古矣

一脈傳千古，微言冀九流。文章推祭酒，仁義動諸侯。戰代諸子爭鳴能延

我孔子學脈者荀孟二子之功也河洛鉤沈史春秋考異鄆八儒分派別齊待

漢皇求經教由漢而昌故遺讖有為漢制作語乃聖人至誠前知之證非誕詞也

手定經綸業艱難付後王詩書秦刼火禮樂漢文章石室心傳

閟蘭臺口說詳至今過孔壁絲竹有輝光

洪範陳疇意端門受命心世家尊太史史記孔子立世家蓋司馬遷創例所以尊聖也

師統定劉歆劉歆校書取諸子百家賓附六藝折衷於孔子與史公命意正同孔道之昌由此數儒也五德

傳終始羣經列古今沾溉無限淚感動一沈吟

戊申三月述史微內外篇成蓋六藝諸子自向歆校書後

今日始一理董也聲之以詩用冠簡首

史微凡例

史微之爲書也葢爲考鏡六藝諸子學術流別而作也夫古今言六藝諸子者夥矣非便詞巧說破碎大道即憑虛任臆詆爲異端葢自漢武帝廢黜百家而先王官守之遺衰自鄭康成混合今古文而我孔子垂世立教之微言絕暖暖姝姝抱一先生之言以汔於今雖以乾嘉諸大儒考訂校讐之勤苦志盡情頭童齒豁尚不識六藝諸子爲何物眞莊生所謂大惑終身不解者也往與吾友孫君益葊同譚道廣平即苦阮氏王氏所彙刊經解瑣屑餖飣無當宏恉嗣得章實齋先生通義服膺之始於周秦學術之流別稍有所窺見久之讀太史公書讀班孟堅書

無不迎刃而解豁然貫通一時之所創寤殆若有天牖焉爰悉取六藝諸子之存於世者理而董之倣劉知幾史通例分爲內外篇都十萬餘言內篇爲古人洗冤爲來學祛惑本經立義比次之學居多外篇發明天人之故政教之原越世高談論斷之學居多名曰史微者以六藝皆古史而諸子又史之支與流裔也

古今學術以兩漢爲一大界限兩漢以前爲學皆有師承立言皆有宗旨雖其閒不無見仁見智之殊識小識大之別然未有無故而云然者學者於其不同處正宜著眼理會司馬遷所以貴好學深思心知其意也嘗見輓世解經之書是丹而非素入

主而出奴專以一已愛憎爲取舍甚至一簡之內藉口擇善而從予奪互施竟不知古人命誼之所在擇善而從聖者之事非學者之事不得以康成混合今古文藉口然康成雖混合今古文而左右采獲實皆前人古義故余書於其合於家法者引據極多南北朝學說亦然何其鬮壁虛造如是邪余書於兩漢周秦之學說皆不妄加掊擊南北朝以後其例雖寬閒有商定亦必有說書中所有贊辨皆據前以駁後不敢以一已臆說輕議先儒也後有駁余書者亦望堅守此例可也

劉子元論史有三長才也學也識也竊謂爲學亦然文章謂之才考訂謂之學義理謂之識而識爲最難夫調停兩可非識也憑虛臆決亦非識也識也者謂能別白古人學術之異同融會而貫通焉使後人知所決擇耳若不問古人學術異同如何據

一字一句妄思平反成讞而閒執承學者之口此經生聚訟之習豈有當於別識心裁哉孟子曰古之人所以大過人者無他焉善推其所爲而已朱子曰因其已知之理而益窮之以求至乎其極苟能善推以求其極則於羣籍殊方自不致肆行曲詆矣

考信徵乎古覈實衷乎名九流通例尤忌詖辭此雖一家之言然每立一義四顧旁皇先統貫全書再參之羣書又必古說有依據者始敢筆之簡業甄微實無一句無來歷也（篇內援用成語各隨文便不能悉具所出遵史遷引尚書國策論語班固引洪範五行傳七略別錄例至百家宗旨刪取要用往往以一二語挈其綱領以原書具在省煩瀆也）若增減古書字句以說經（近人著書往往藉口錯簡衍文以圓其說不知

康成注經所謂錯衍者皆參校衆本而知今古本久亡何所據哉拘泥後世時勢以立言此蔽宋以後書最多凡一切考據家流蔽則去之惟恐不力上求無負於古人下求有益於來學區區學譾實志於此黨同伐異之譏庶幾免夫書中因論今文故評及鄭杜專指其混合家法而言非與古文較優劣也義據通深端資羣說此書所摭皆取其最先者故於隋唐以前之書采撮略備近代著述惟實齋先生文史通義張皋文虞氏易消息汪容甫述學龔定庵文集數種而已其餘未見之籍尚多有之立論偶同知不能免劉彥和有言品列成文有同乎舊談者非雷同也勢自不可異也有異乎前論者非苟異也理自不可同也此此眞通儒之見學者幸勿以蹈襲議之若能取諸家

異同合於鄙論者爲之細箋而別白其至與不至焉則光鄙人所望於後世者已

或曰吾子辨六藝諸子之流別備矣亦有疑義待後儒論定者乎曰有孔安國尚書閻惠諸君所考皆不足以定其僞余已言之惟漢書稱孔氏多得佚書十六篇而今孔序則作二十五篇篇目亦多異同此一疑也左氏春秋爲舊史徵諸兩漢古說皆無異詞惟傳稱春秋之稱微而顯志而晦宛而成章非聖人誰能修之此聖人若指周公則不得言修若指孔子則不得言聖人孟僖子稱孔子聖人之後太宰亦有天縱將聖之言然曰聖人後曰將聖究與直稱聖人有別況邱明年輩相若者乎雖家語等書亦有稱孔子爲聖人處以此乃七十子後學所紀雖述當時口語而行文例得以後明前故不嫌也　此二疑

也六藝之有今古文也古文爲舊史說經之言今文爲孔子說經之言是固然已余疑春秋以魯史上配六藝故今文口說獨多若易書詩禮則今文與古文必無甚出入焉惟考之漢代經說多不細符此三疑也要之書闕有閒矣雖有折衷無徵不信好古之士所爲撫斷文而太息哉並世哲匠其無吝匡余之不逮焉

余友元和孫君益葊以明經績學工文與余同讀書二十餘年余紬繹六藝百家微言益葊則篤好專在諸子書中宗經等篇皆益葊所說而余推衍之者無此勝友正未易殺青也至整齊百家襍語厥協六經異傳余別有諸子學記一書學者博通求

之則於兩漢周秦學術之流別可以無遺蘊矣

學問之道與年俱進昔司馬遷成史記至外孫楊惲其書始布班固修漢書經女弟大家續之而後成程子著易傳亦云需之身後朱子注大學至易簀猶改誠意章古人所以矜緩殺青者誠恐立言不慎得罪古人其罪小貽誤後學其禍大也（篇家發憤譔述皆出於不得已管子晏子後人所裒集老聃孟軻荀卿退老始著書史遷云不韋遷蜀世傳呂覽是呂氏春秋雖成於相秦之日而行世亦在晚年也亭林先生有言著述之家最不利乎以未定之書傳之於人亦是此意）余自戊申綴述此書匆匆授鍥近日覆審有紕繆者有語焉不詳者亦有文筆冗蔓未經修飾者齋居無事刪改十之四增注十之六差覺完善矣然豈敢謂一無罅漏哉閱者幸諒其拾遺補藝之苦心略

其文而挹其元也

重定史微內篇目錄

右史微內篇舊四卷今析爲八卷凡篇三十八附篇四孟
劬兄定稾重鋟者也兄學邃於史觀書鏡大原分肌擘理
樸屬微至往往不爲訓詁辭章家所憙少嚴聞鄉先生譚

一九

復堂緒論長遊燕趙歷大河南北搜殘藏始潛學乾竺一書益孤進於古師東莞居巢近則章實齋嘗恨周秦之學絕千餘年作者肩相踵大抵苟鉤鈲析亂譬振裘亡領然隱心久之成史微數十萬言自謂演浙東遺緒戊申槧內篇於滬既山陰平毅依改本鍥聚珍版意弗慊也削稾盈尺扃篋衍東南亂未定不欲蠹紙渝墨詗世人因內篇已行勉授於蓀而覆刊之竊以為一經兩海文化之開塞也有分劑而理之在宙合無異原六籍舊蓺不終湮㬎白諏邦粹者必於是求焉可少耶校既成書厓略如此以諭來者

壬子先立夏三日東蓀記

史微卷第一　　多伽羅香館叢書第一種

內篇

錢塘張采田孟劬譔

原史

六藝皆史也百家道術六藝之支與流裔也何以知其然哉中國文明開自黃帝黃帝正名百物始立百官官各有史史世其職以貳於太史太史者天子之史也（古者天子一位與百官同故亦有史以掌其政）其道君人南面之術也內掌八柄以詔王治外執六典以逆官政前言往行無不識天文地理無不察人事之紀無不達必求博聞強識疏通知遠之士使居其位百官聽之以出治焉故自孔子以上諸子未分以前學術政教皆聚於官守一言以蔽之曰

史而已矣史之爲書也六曰詩曰書曰易曰禮樂曰春秋禮以節人樂以發和書以道事詩以達意易以道化春秋以道義易著天地陰陽四時五行長於變禮經紀人倫長於行書記先王之事長於政詩記山川谿谷禽獸草木牝牡雌雄長於風樂樂所以立長於和春秋辯是非長於治人是爲六藝皆古帝王經世之大法太史守之以垂訓後王非庶民所得而私學也我國上古爲貴族封建政體六藝皆帝王經世之書本六藝以出治者謂之天子誦六藝以佐天子者謂之君子皆士大夫所有事而庶民不得與焉自政教分而官師判始有私相著述私相授受之事此古今學術一大升降也周之東遷天子失官百家始分諸子之言紛然淆亂司徒之官衍爲儒家羲和之官衍爲陰陽家理官衍爲法家禮官衍爲名家淸廟之守衍

爲墨家行人之官衍爲從橫家議官衍爲襍家農稷之官衍爲
農家稗官衍爲小說家司馬之職衍爲兵家明堂史卜之職衍
爲數術家王官一守衍爲醫家而史官之大宗獨降爲道家孔
子憫焉於是以儒家思存前聖之業觀書於周問道於老聃追
跡三代之禮序書傳上紀唐虞之際下至秦繆編次其事詩三
千餘篇去其重取可施於禮義上采契后稷中述殷周之盛至
幽厲之缺三百五篇皆絃歌之以求合韶武之音正樂雅頌贊
易序彖繫象說卦文言因史記作春秋上至隱下訖哀據魯親
周故殷運之三代自是六藝之文咸歸孔氏矣七十子後學因
相與尊之爲經經者常也此六者可爲萬古常行之道也班固

說之曰六蓺之文樂以和神仁之表也詩以正言義之用也禮以明體明者著見故無訓也書以廣聽知之術也春秋以斷事信之符也五者蓋五常之道相須而備而易爲之原言與天地爲終始也是故由前而觀六蓺皆王者之史根據於道家由後而觀六蓺爲孔氏之經折衷於儒家夫子有言述而不作信而好古竊比於我老彭孟子稱春秋之旨曰其事則齊桓晉文其文則史其義則某竊取之矣述而不作仍六蓺舊文也竊取其義因其行事加吾王心也竊比老彭以司徒上代史統自比於道家也故春秋史也孔子述之有公羊穀梁之義焉詩史也孔子述之有齊魯韓三家之義焉書史也孔子述之有伏生夏侯

之義焉易史也孔子述之有商瞿田何之義焉禮史也孔子述之有高堂生后蒼之義焉皆舉後以明前以大義非一言所能盡也以一身備天德王道之全爲往聖繼絕學爲萬世開太平自有生民以來未有如我孔子者也仲尼沒而微言絕七十子喪而大義乖戰代之閒諸子蠭起各思以其所學易天下漢興改秦之敗武帝從董仲舒言廢黜百家表章六蓺司馬遷以周史舊裔又修太史公書以緯之自此以後孔子之史統始定於一尊而今古文之諍又滋多於世矣今文者孔子說經之書而弟子述之者也古文者舊史說經之書而孔子采之者也漢初諸儒傳孔子微言大義諸經多出口授以隸寫之先著竹帛故曰今文其後佚經出於山巖複壁多科斗文故曰古文因二者義旨不同故以文字別之今古文者蓋兩漢時

說經者一名號也今觀古文諸經若春秋左氏易費氏費直說久亡今王弼鄭元二家注皆費義也書孔安國氏書古文有兩派一孔壁古文一桼書古文孔注非僞余別有考禮周官明堂陰陽詩毛氏大旨多明於典章度數而於興衰善敗之迹爲尤詳與孔子相傳之口說蓋異矣豈非古史舊籍耶古文詳於政今文詳於敎此二家異同之辨故西漢儒者不認爲經至劉歆校書始舉以竄附六蓺漢儒傳經最重家法劉歆混合今古文故公孫祿以顛倒五經毁師法訾之近人據此謂古文諸經爲歆僞造不知曰顚倒曰毁正指其編次不倫耳豈僞造之謂乎然其言曰與其過而廢之寧過而立之則猶未顯然用古文以亂今文也顯然亂今文以古文爲定者實始於鄭康成氏康成易宗費氏而施孟梁邱之說廢矣詩宗毛氏而三家之學亡矣春秋著箴膏肓發墨守起廢疾善服

虔左氏注（鄭君本注左傳見虔注而以其學授之見世說新語）而二傳微矣禮治周官從馬融增明堂月令樂記於戴記而高堂生二戴之微誼不可見矣書用杜林古本（鄭氏尙書蓋用桼書古文也與孔壁不同）而伏生大小夏侯之宗旨失傳矣當時何休已有入室操戈之誚（鄭君先治今文後通古文故譏之以爲譽言者誤）范蔚宗言中興之後范升陳元李育賈逵之徒爭論古今學後馬融荅北地太守劉瓌及元荅何休義據通深古學遂明洵不誣也六朝以來鄭學行於河北又有所謂南派者易則王弼詩則王肅春秋則杜預書則孔安國鄭氏說詩猶取三家南派則專崇毛氏矣鄭氏說春秋猶兼二傳南派則專尙左氏矣鄭氏說易猶采孟喜南派則獨主費氏矣鄭氏說書猶引伏生

南派則獨行孔氏矣變本加厲直欲盡掃今文而後快至劉炫合南北派而一之而唐人義疏從此出焉我孔子刪修之大法益不可復識已間嘗論之道家明天者也儒家明人者也孔子之道則以人持天者也天卒不可持而復反其本焉窮則變變則通通則久學統消長之幾千古如循環故曰知六藝之由史入經則百家學術可坐而定也

史學

史學自東周失官流爲道家吾於道家未分之前求史之舊學其惟六藝乎蓋六藝者先王經世之書也經世之書皆掌諸柱下皆太史之所錄非如後世僅以編年紀傳爲史而已章實齋

有言三代以下撰述有定名而記注無成法三代以上記注有成法而撰述無定名惟其無定名故天人之故政教之原體國經野之規宰世御民之略皆得以史目之惟其有成法故詩以道志書以道事禮以道行樂以道和易以道陰陽春秋以道名分不相合而相爲用故曰禮之敬文也樂之中和也詩書之博也春秋之微也在天地之間者畢矣試以六蓺徵之周易爲伏犧至文王之史尚書爲堯舜至秦穆之史詩爲湯武至陳靈之史春秋爲東周至魯哀之史禮樂爲統貫二帝三王之史太史公自序曰伏犧至純厚造易八卦堯舜之盛尚書載之禮樂作焉湯武之隆詩人歌之春秋采善貶惡推三代之德褒周室非

獨刺譏而已也則六蓺相續爲史可以心知其意矣蓋古無斷代爲史之例易雖終文王而尚書無嫌始堯舜書雖終秦穆而詩無嫌始湯武詩雖終陳靈而春秋無嫌始隱公此亦猶太史公書本繼春秋而託始黃帝以來班固書本續太史而斷自漢高以降也是故六蓺者上古之通史也豈可以後世史法繩之哉雖然猶有大者則以六蓺與道家相出入也漢志曰道家者流出於史官歷紀古今成敗禍福存亡之道是史家無不兼道家宗旨矣（道家曰能知古始是謂道紀淮南道應訓歷引前言往行詮釋老子道原於史於此可證）道之大原出於天清虛以自守卑弱以自持道家所以法天也今觀六蓺周易本聖人言天之書無論矣尚書之於天也一篇之中蓋

三致意焉詩美盛德之形容以其成功告於天也禮則先王以承天之道以治人之情者也故曰夫禮必本於天殽於地列於鬼神春秋則奉天而法古者也故曰春秋以元之深正天之端以天之端正王之政鄭司農嘗言史官主知天道天道非道家之所從出乎惟史本道家所以老聃爲守藏史而孔子删述六藝必先觀書於柱下而問禮焉語曰述而不作信而好古竊比於我老彭蓋孔子欲以史官自況也問者曰尚書春秋爲記傳誥誓之濫觴禮經樂記亦典章制度之流別是固然矣若易詳卜筮詩紀謳歌求諸金匱石室之書古無此例其爲史之故可得言乎答之曰此上古史體所以異於後世也後世之史紀事

而已紀言而已古史則不然其紀事也必並其道而載之其紀言也必並其意而載之有紀事紀言而道與意因之而見者尚書春秋禮樂是爲有載道載意而事與言因之而見者則易與詩是爲易者何先王開務成物之史也昔者伏犧氏仰觀象於天俯觀法於地近取諸身遠取諸物於是始作八卦以通神明之德以類萬物之情繫辭曰包犧氏沒神農氏作斲木爲耜揉木爲耒以教天下蓋取諸益日中爲市蓋取諸噬嗑黃帝堯舜垂衣裳而天下治蓋取諸乾坤上古穴居而野處後世聖人易之以宮室蓋取諸大壯古之葬者葬之中野後世聖人易之以棺槨蓋取諸大過上古結繩而治後世聖人易之以書契蓋取

諸夬而周禮太卜掌三易之法一曰連山二曰歸藏三曰周易杜子春云連山伏犧歸藏黃帝鄭康成云夏曰連山殷曰歸藏鄭氏所言非與杜異也蓋夏用伏犧之易殷用黃帝之易耳蓋一王御宇必本天人合德以明受命之符實與立憲授時同爲歷朝要典也六藝論曰易者陰陽之象天地之所變化政教之所生政教因時而變三代受命不同故取法亦異若其道則千古不易也故韓宣子觀於魯太史見易象與春秋曰周禮盡在魯矣使易而非史則宣子何以與周禮並稱而同爲觀於太史哉詩有列國之風先王以是經夫婦成孝敬厚人倫美教化移風俗也故太史采之詩序曰國史明乎得失之迹傷人倫之廢哀刑政之苛吟詠情性以風其上達於事變而懷其舊俗者也是以一國之事繫一人之

本謂之風言天下之事形四方之風謂之雅雅者正也言王政所由廢興也政有大小故有小雅焉有大雅焉頌者美盛德之形容以其成功告於神明者也是謂四始詩之至也階是以談詩之關繫國政不綦重乎孟子亦謂王者之迹熄而詩亡詩亡然後春秋作春秋可以繼詩則其與史同科可知矣竊嘗論之後世史體創自司馬遷遷書固整齊百家襍語厥協六經異傳者也其言曰有能紹明世正易傳繼春秋本詩書禮樂之際意在斯乎意在斯乎以史記一書上擬六蓺則六蓺之爲史古人固已先我言之矣其後班固續遷史而修漢書亦曰緯六經綴道綱總百氏贊篇章固書實本於劉歆歆嘗與其父向撰七略

別錄矣凡歷史羣籍盡賓六蓺豈向歆不知立史籍乎亦以六蓺即史無庸別建義類也夫古聖之造六蓺也網羅一代之宏綱增之不可七損之不容五載籍殘缺家法蕩然獨尚書春秋二派得行於世此指體例言讀者勿泥尚書本紀王言孔衍王劭外流傳不廣其勢然也春秋兼詳人事故一變而爲左氏傳再變而爲史記觀太史公自序獨論春秋其意自見三變而爲漢書遂以定良史著記之成規亦如騷賦始屬詩流與詩畫境六義附庸且蔚然而爲大國也世儒惑於近代史裁因孔子而尊六蓺不敢與子長孟堅較其異同豈不謬哉曰子之論史信辨矣其何以處通經之說乎曰論道家之要歸當知六蓺爲王者之史論儒家之宗旨當知

六藝爲孔氏之經不知六藝爲史無以見王者創制之本原不知六藝爲經無以窺孔氏刪修之大法孔子閔王路廢而邪道興論次詩書修起禮樂贊易十翼因史記作春秋以寓王法六藝既歸儒家而經之名始立劉彥和言經也者恆久之至道不刊之鴻教言其不得與民變革也自此義不明而知幾述史有惑經申左之篇實齋闡史有宗周祧孔之論皆可謂知二五而不知一十也已

附史官沿革考

欲究史學不可不考史之所始然則史何自始乎曰始於黃帝易大傳曰上古結繩而治後世聖人易之以書契後世聖

人謂黃帝也許叔重述書契之原曰黃帝之史倉頡見鳥獸蹄迒之迹知分理之可相別異也初造書契百工以乂萬品以察是則言史當以黃帝爲祖明矣故司馬遷述史首斷自黃帝劉子元論史亦肇自軒轅誠洞悉乎源流之所自不可誣也尚書緯孝經讖及班固馬融鄭元諸儒並言三皇無文字文籍初自五帝黃帝爲五帝之首故言史者必以黃帝爲斷也其詳別具六藝原始篇考黃帝初立史官倉頡沮誦實居其職後世分爲左右二史左史主於記言右史主於記事降及周代政教漸繁史遂有五同涖春官一曰太史掌建邦之六典以逆邦國之治掌法以逆官府之治掌則以逆都鄙之治二曰小史掌邦國之志奠繫世辨昭穆佐太史三曰內史掌王之

八枋之法以詔王治掌敘事之法受納訪以詔王聽治掌書王命遂貳之四曰外史掌書外令掌四方之志掌三皇五帝之書掌達書名於四方五曰御史掌邦國都鄙及萬民之治令掌贊書是五者皆天子所命以載筆於左右者也至於諸侯列國亦各有史求其位號一同王者故當時官斯職者周則有若內史過內史叔興內史叔服魯則有若太史克虢則有若史嚚晉則有若史蘇董狐屠黍衛則有若史華龍滑禮孔齊則有若南史楚則有若倚相類能深明於古今成敗禍福存亡之道誦法三皇五帝以上箴王闕嘉言懿行不媿爲終古向摯辛甲尹佚之倫而其後苦縣老聃實以周守藏史

著書五千言卓然尊爲道家鼻祖亦可以見歷代史官之沿革矣戰代之際雖以從橫相尚未遑文敎然趙鞅晉之一大夫爾有直臣書過操簡筆於門下田文齊之一公子爾每坐對賓客侍史記於屏風至秦趙二主澠池交會各命其御史書某年某月鼓瑟鼓缶蓋猶有春秋君舉必書之義焉漢興武帝嘗置太史公位在丞相上天下計書先上太史副上丞相使司馬遷父子爲之而遷敍史學之源流亦曰司馬氏世典周史何則古之學術皆出於官守有一官卽有一學非世世誦習則不能宣闡微言大義之所存此於百家莫不皆然況史爲君人南面之術哉自漢宣帝改太史公一官爲令奉

行文書於是褚先生劉向馮商揚雄班固之徒並以別職來知史務道統既異官亦無足重輕矣史學之亡蓋在斯時乎故論古史當始於倉頡而終於司馬遷史記一書上以結藏室史派之局下以開端門史統之緒自茲以後史遂折入儒家別黑白而定一尊雖有良史不過致謹於書法體例之間難以語乎觀微者已

百家

六藝者先王經世之迹也百家者先王經世之術也天生民而立之君君不能獨治必設官屬官各有史以掌其政教而上輔人主之治此政學所由合一也王道既微官失其守流而爲百

家而後諸子之言始紛然淆亂矣莊生有言古之人其備乎配神明醇天地育萬物和天下澤及百姓明於本數係於末度六通四辟大小精粗其運無乎不在其明而在數度者舊法世傳之史尚多有之其在於詩書禮樂者鄒魯之士縉紳先生多能明之其數散於天下而設於中國者百家之學時或稱而道之子貢曰文武之道未墜於地在人賢者識其大者不賢者識其小者是則九家者流稽其要歸何一非先王官守之遺哉吾何以知之吾以漢隋二志知之道家者流漢志云蓋出於史官歷記成敗存亡禍福古今之道然後知秉要執本清虛以自守卑弱以自持此君人南面之術也隋志云道者蓋爲萬物之奧聖

人之至賾也易曰一陰一陽之謂道周官九兩其三曰師蓋近之矣儒家者流漢志云蓋出司徒之官助人君順陰陽明教化者也游文於六經之中留意於仁義之際祖述堯舜憲章文武宗師仲尼以重其言於道最爲高隋志云聖人之教非家至而戶說故有儒者宣而明之其大抵本於仁義及五常之道黃帝堯舜禹湯文武咸由此則周官太宰以九兩繫邦國之人其四曰儒是也法家者流漢志云蓋出於理官信賞必罰以輔禮制隋志云法者人君所以禁淫慝齊不軌而輔於治者也易著先王明罰飭法書美明於五刑以弼五敎周官司寇掌建國之三典以佐王刑邦國詰四方司刑以五刑之法麗萬民之罪是也

名家者流漢志云蓋出於禮官古者名位不同禮亦異數孔子曰必也正名乎隋志云名者所以正百物敘尊卑列貴賤各控名而責實無相僭濫者也周官宗伯以九儀之命正邦國之位辨其名物之類是也墨家者流漢志云蓋出於清廟之守茅屋采椽是以貴儉養三老五更是以兼愛選士大射是以上賢宗祀嚴父是以右鬼順四時而行是以非命以孝視天下是以上同隋志云墨者强本節用之術也上述堯舜夏禹之行周官宗伯掌建邦之天神地祇人鬼肆師掌立國祀及兆中廟中之禁令是其職也從横家者流漢志云蓋出於行人之官隋志云從横者所以明辯說善辭令以通上下之志者也周官掌交以節

與衛巡邦國之諸侯及萬姓之聚導王之德意志慮使辟行之而和諸侯之好達萬民之說諭以九稅之利九儀之親九牧之維九禁之難九戎之威是也襍家者流漢志云蓋出於議官兼儒墨合名法知國體之有此見王治之無不貫隋志云襍者兼儒墨之道通眾家之意以見王者之化無所不冠者也古者司史歷記前言往行禍福存亡之道然則襍者蓋出史官之職也農家者流漢志云蓋出於農稷之官隋志云農者所以播五穀藝桑麻以供衣食者也書敘八政其一曰食二曰貨孔子曰所重民食周官冢宰以九職任萬民其一曰三農生九穀地官司稼掌巡邦野之稼而辨穜稑之種周知其名與其所宜地以爲

法而懸於邑閭是也小說家者流漢志云蓋出於稗官隋志云
小說者街說巷語之說也傳載輿人之誦詩美詢於芻蕘古者
聖人在上史爲書瞽爲詩工誦箴諫大夫規誨士傳言而庶人
謗孟春徇木鐸以求歌謠巡省觀人詩以知風俗道聽塗說靡
不畢紀周官誦訓掌道方志以詔觀事道方慝以詔辟忌以知
地俗而職方氏掌道四方之政事與其上下之志誦四方之傳
道而觀衣物是也兵家漢志云蓋出古司馬之職王官之武備
也隋志云兵者所以禁暴靜亂者也周官大司馬掌九法九伐
以正邦國是也陰陽家漢志云蓋出於羲和之官數術家漢志
云皆明堂羲和史卜之職也隋志合之云歷數者所以揆天道

察昏明以定時日以處百事以辨三統以知阨會吉隆終始窮理盡性而至於命者也其在周官則亦太史之職方技家漢志云皆生生之具王官之一守也隋志云醫方者所以除疾疾保性命之術者也其善者則原脈以知政推疾以及國周官醫師之職掌聚諸藥物凡有疾者治之是其事也百家由於百官百官必始黃帝故司馬遷謂百家言黃帝其文不雅馴也三代上無可考故隋志多以周官制度說之此可見百家學術之源流矣蓋先王之設官也有政焉有教焉儒道小說聖人之教兵及醫方聖人之政政爲有司所職教則史官掌之故百家學術可一言以蔽之曰原於百官之史而已百官各有史獨道家言出史官者道爲天子之術天子亦百官之一也故白虎通云天子者爵稱也孟子云天子一位是也所以不言出於天子嫌斥尊者舉史官以賓

之此古人之善於立言耳賓則百官皆有史百家學術皆出於史不獨道家爲然觀周禮各官皆著史若干人鄭康成注云史掌書者是其證矣雖然百家莫不祖史而史之正宗則有三家曰道曰墨曰禨道家天子之術本出史官墨家清廟之守傳自史角禨家亦司史所紀陰陽數術小說亦出於史皆三家之旁支非正宗故不數之是三者蠭起並作取合諸侯皆欲與我孔子爭此史統者也及漢武帝從董仲舒之言表章六藝廢黜百家自是以降史統始定於尼山而百家騰躍終入環內矣諸子之衰豈非天哉豈非天哉

原藝

余嘗籀治六藝以究百家之源流未嘗不廢書而歎也曰嗟乎六藝之爲書也歷代寶之以爲大訓矣儒者學術政治所設施

亦莫不於此取法矣而眞能知六藝之原者何人哉夫六藝者先王經世之跡也六經雖史而史究爲後定之名不可以稱上古三代之書故漢儒謂之六藝從其質也而禮樂射御書數亦曰六藝見周禮古人不避嫌名周秦書中此例極多太史氏所掌君人南面之術具爲後世周史失官政與教分君人南面之術流爲道家而六藝寖微我孔子閔王路廢而邪道興思存先聖之業於是論次詩書修起禮樂本周易而繫大傳因魯史而作春秋自是六藝告備於天而道家之舊統遂歸儒家矣尊之爲經者經常也言此六書可爲萬世常道非同歷代族史不相沿襲也故孔子曰入其國其教可知也其爲人也溫柔敦厚詩教也疏通知遠書教也廣博易良樂教也絜靜精微易教也恭儉莊敬禮教也

屬詞比事春秋教也故詩之失愚書之失誣樂之失奢易之失賊禮之失煩春秋之失亂其爲人也溫柔敦厚而不愚則深於詩者也疏通知遠而不誣則深於書者也廣博易良而不奢則深於樂者也絜靜精微而不賊則深於易者也恭儉莊敬而不煩則深於禮者也屬詞比事而不亂則深於春秋者也荀卿曰聖人也者道之管也天下之道管是矣百王之道一是矣故詩書禮樂之歸是矣詩言是其志也書言是其事也禮言是其行也樂言是其和也春秋言是其微也揚雄曰說天者莫辯乎易說事者莫辯乎書說體者莫辯乎禮說志者莫辯乎詩說理者莫辯乎春秋董仲舒曰詩道志故長於質禮制節故長於文樂

詠德故長於風書著功故長於事易本天地故長於數春秋正是非故長於治人班孟堅綜羣說而論之曰六藝之文樂以和神仁之表也詩以正言義之用也禮以明體明者著見故無訓也書以廣聽知之術也春秋以斷事信之符也五者蓋五常之道相須而備而易爲之原故曰易不可見則乾坤或幾乎息矣言與天地爲終始也以六藝大義分配五常當是古人舊說白虎通曰經所以有五何經常也有五常之道故曰五經樂仁書義禮禮易智詩信也人情有五性懷五常不能自成是以聖人象天五常之道而明之以教人成其德也所配雖與班固異而大旨並通學者可參證也博矣哉六藝之書犧黃堯舜數聖人經緯天下之道非孔子烏能修之以垂教本哉春秋說題辭曰六經所以明君父之尊天地之開闢皆有教也教始於孔子六藝之稱經以此雖然六藝者其先皆史家舊籍也

自歸孔氏以司徒上祧柱下之統先王經世之跡雖存而口說流傳則大異矣故六藝有兩大派焉一曰古文一曰今文古文者舊史說經之言而孔子采之者也今文者孔子說經之言而弟子述之者也純乎明理者今文也兼詳紀事者古文也莊子天下篇曰其明而在數度者舊法世傳之史尚多有之非指古文而言乎曰其在詩書禮樂者鄒魯之士縉紳先生多能明之非指今文而言乎蓋孔子之纂六藝也聖德在庶德無所施不得不假帝王之舊史以制義法加吾王心此古今文兩派所以並行不倍也試即六藝存於世者徵之如易施孟梁邱三家皆祖田何爲今文而費直易則古文也然據儒林傳稱直傳易爲

費氏學以古字號古文易無章句徒以彖象繫詞文言解說上下經而劉向亦謂費氏經與古文同是費氏之易雖云古文而其說似仍本今文也（費直易既爲古文則其說與今文必有異同惜乎章句已佚無徵不信矣）若是者今古文之分合蓋難考矣其有可考者則莫如尚書與詩與禮與春秋曷言乎尚書之有今古文也漢志云書之所起遠矣至孔子纂焉上斷於堯下迄於秦凡百篇而爲之序言其作意鄭康成書論引尚書緯云孔子求書得黃帝元孫帝魁之書迄於秦穆公凡三千二百四十篇斷遠取近定可爲世法者百二十篇以百二篇爲尚書十八篇爲中候論衡亦云尚書本百篇孔子以授也由是觀之百篇者眞孔子手定之書也其後伏生

傳書二十八篇泰誓後得爲二十九篇此二十九篇皆有師說是爲今文孔安國有古文尚書讀以今文多得二十五篇案孔傳增多伏生者雖云二十五篇實則除太甲說命泰誓重篇只得十九篇耳與史記儒林傳逸書得十餘篇語似無不合惟漢志言得多十六篇而未明指何篇後儒遂以鄭氏桼書古文二十四篇當之所以來晚書之疑也今雖不敢斷孔傳眞出孔壁然亦未敢遽謂其僞茲姑據以爲說其詳當別具六藝篇目考此二十五篇皆無師說孔氏因以舊史之說傳之是爲古文今考孔傳增多伏生之篇如大禹謨五子之歌允征仲虺之誥湯誥咸有一德伊訓武成旅獒微子之命諸篇皆漢儒所謂逸書者也逸書自伏生時已無口說安國雖好古又何從折衷於師傳哉可知孔傳一書必依據古文無疑矣故其說往往與伏生大傳有異同蓋伏傳爲孔子相傳

之口說而孔傳乃舊史相傳之傳記耳易言乎詩有今古文也孔子世家曰古者詩三千餘篇及至孔子去其重取可施於禮義上采契后稷中述殷周之盛至幽厲之缺始於衽席故曰關雎之亂以爲風始鹿鳴爲小雅始文王爲大雅始淸廟爲頌始三百五篇孔子皆弦歌之以求合韶武雅頌之音是孔子刪詩不徒纂錄舊文而已蓋必有所以取之之義焉今觀今文家之說詩也關雎則曰孔子論詩以關雎爲始言太上者民之父母后夫人之行不侔乎天地則無以奉神靈之統而理萬物之宜十月之交則曰易有陰陽詩有五際春秋有災異皆列終始推得失考天心以言王道之安危大抵本古人賦詩緣起以推明

孔子删詩之所以然豈非口說之遺哉至於毛傳則有不同者
毛傳源於子夏子夏序詩首崇國史則所謂葛覃言后妃之本
卷耳言后妃之志者蓋皆太史采詩之義而非孔子删詩之義
矣謂爲古文豈不宜歟曷言乎禮有今古文也考儒林傳曰漢
興魯高堂生傳士禮十七篇則此十七篇眞孔子所手定矣故
后蒼欲推士禮致於天子其後戴聖說士禮也删大戴之書爲
四十六篇而明堂位月令樂記三篇不取焉豈非遵高堂生之
家法乎若古禮經三十九篇及明堂陰陽王史氏記班固所謂
多天子諸侯卿大夫之制者也周官六篇則周公建國設官分
職之法也其爲舊史更無疑義由是觀之今文多詳於士爲孔

子所修之禮而古文多詳於天子諸侯爲舊史相傳之禮不亦較然明白也哉雖然易也書也詩也禮也皆先王經世之舊史而孔子纂焉雖有今文不過言其棄取之意耳故易謂之贊詩書謂之刪禮樂謂之定明其皆因舊史之文而無所更正也惟春秋則不然何則周室東遷天下無王久矣孔子求古春秋而不得劉知幾史通曰春秋家者其先出於三代案汲冢瑣語記太丁時事目爲夏殷春秋知春秋始作與尚書同時鄭康成六藝論曰左史所記爲春秋右史所記爲尚書是春秋與尚書同屬王朝正史自晚周官失始國別爲書耳不得已取魯國史記本百二十國寶書用制義法親周故宋王魯以匹夫而操天子褒貶之權此春秋一經所以獨稱爲作者豈無故歟然春秋雖經孔子改作而其先則魯史也不存魯史本事之

眞無以見孔子之所本不詳孔子口說之義亦無以見春秋之所以修存魯史之本事者爲古文則左氏傳是也詳孔子之口說者爲今文則公穀二傳是也吾何以知左氏傳爲古文哉以其專存本事也司馬遷曰魯君子左邱明懼弟子人人異端各安其意失其眞故因孔子史記具論其語成左氏春秋班固曰以魯周公之國禮文備物史官有法故與左邱明觀其史記又曰邱明恐弟子各安其意以失其眞故論本事而作傳明夫子不以空言說經也具論其語者謂具論魯史之語也恐失其眞者謂恐失本事之眞也是左氏一書專爲春秋本事而作明矣吾何以知公穀傳爲今文哉以其專詳口說也司馬遷曰孔子

明王道干七十餘君莫能用故西觀周室論史記舊聞興於魯
而次春秋上記隱下至哀之獲麟約其詞文去其煩重以制義
法王道備人事浹七十子之徒口受其傳指爲有所刺譏襃諱
挹損之文詞不可以書見也班固曰據行事仍人道因興以立
功敗以成罰假日月以定歷數藉朝聘以正禮樂有所褒諱貶
損不可書見口授弟子弟子退而異言及末世口說流行故有
公羊穀梁鄒夾之傳口受傳指者謂弟子口授孔子之指也不
可書見者謂孔子義法不與他人共之也是公穀二書專爲春
秋口說而作明矣自茲義失傳於是侫公穀者言左氏非受經
孔子扶左氏者言公穀非親見聖人而豈知一重修經之大義

一截作史之本眞三傳固同有功於春秋哉此皆六藝今古文之大略也聞嘗論之今古文派雖皆爲孔子所不廢然一爲舊史說經之言一爲孔子說經之言其異同蓋不容亂矣非考古文不足知孔子刪削之原非考今文不足知舊史損益之善道固相須而成也乃自漢之鄭康成出合今古文而一之陽以宗今文實陰以扶濟古文而孔子說經之家法始汨矣自六朝之南派出變本加厲專尙古文加於鄭氏之上而舊史說經之言始獨行於世矣嗟乎我孔子手定之六藝何不幸而遭變亂於後儒也耶

附鄭學辨

昔孔子以匹夫尊爲萬世帝王之師刪述六經以制義法其
微言大義則口授儒者宣而明之所以警戒君人而立教本
者甚備（三代上非天子不議政不立教孔子刪定六蓺亦以行教之權屬之天子此歷古不變之道也）此固
聖者之所期而世主之所大不便也故西漢季年五經家失
勢講蓺者多趨於訓詁章句既可博稽古之榮而又不致觸
當世之文網劉歆杜林鄭衆賈逵之徒附會而文致之於前
鄭君康成彌縫之於後古文一派行乎數百年中遂爲諸儒
宗而兩漢說經之家法於是全紊矣閒嘗紬繹鄭氏一家之
宗旨其說經也大抵以古文爲主而襍糅今文壁義以輔之
鄭君先從張恭祖受韓詩其後箋注毛傳襍用三家不茍從

一公羊徐彥疏語六蓺論曰注詩宗毛爲主毛義若隱略則更表明如有不同卽下已意使可識別也由是觀之是鄭君說詩合今古文而仍主古文之證也鄭君又從恭祖受周官禮記後因涿郡盧植事扶風馬融融足月令明堂位樂記三篇於小戴記鄭君受業於融爲之注融又作周官傳以授鄭君鄭君作周官注幷答臨孝存難使周禮義得條通隋經籍志曰漢末鄭元傳小戴之學後以古經校之取其於義長者作注爲鄭氏學鄭志答靈模云爲記注之時依循舊本後得毛詩傳而爲詩注更從毛本故與記不同亦可與隋志旁證由是觀之是鄭君說禮合今古文而仍主古文之證也鄭君又從恭祖受古文尚書古文尚書自漢以來有兩本一爲孔

壁古文一爲桼書古文桼書古文傳自杜林賈逵爲之作訓
馬融作傳鄭君卽據融本注解書贊曰我先師棘下生安國
亦好此學衞賈馬二三君子之業則雅材好博既宣之矣歐
陽氏失其本義今疾此蔽冒猶復疑惑不悛由是觀之是鄭
君說書合今古文而仍主古文之證也鄭君師事京兆第五
元先通京氏易公羊春秋又從恭祖受左氏春秋其後注易
用費氏注春秋用左氏何休著公羊墨守左氏膏肓穀梁廢
疾鄭君乃發墨守鍼膏肓起廢疾由是觀之是鄭君說易說
春秋合今古文而仍主古文之證也且不寍惟是何晏論語
集解序曰鄭元就魯論篇章考之齊古爲之注隋志曰鄭元

以張侯論爲本參考齊論古論而爲之注釋文亦曰鄭校周之本以齊古讀正凡五十事由是觀之是鄭君不但諸經合今古文而主古文卽論語亦以古本爲定也范蔚宗曰自秦焚六經聖文埃滅漢興諸儒頗修藝文及東京學者亦各名家而守文之徒滯固所稟異端紛紜互相詭激遂令經有數家家有數說章句多者或乃百餘萬言學徒勞而少功後生疑而莫正鄭元括囊大典網羅衆家刪裁繁蕪刊改漏失自是學者略知所歸又曰中興之後范升陳元李育賈逵之徒爭論古今學後馬融答北地太守劉瓌及元答何休義據通深由是古學遂明魏袁翻亦曰鄭元訓詁三禮及釋五經異

義並盡思窮神故得之遠矣覽其明堂圖義皆有悟人意察察著明確乎難奪諒足以扶微闡幽不墜周公之舊法也范氏以刊改漏失古學遂明推之袁氏以扶微闡幽不墜周公舊法譬之均可謂能知鄭君之所長矣鄭氏所注三禮凡訓詁制度曲折異同之故無不疏通證明使後世可考三代之盛最爲精榷然通典曰自古至周天下封建故盛朝聘之禮重賓主之儀秦皇帝蕩平九國置列郡縣易於臨統便俗適時滯儒常情非今是古禮經章句名數尤繁方今不行之典於時無用之儀空事鑽研競爲封執與夫從宜之旨不亦異乎君卿立言雖志在經世爲鄭學者亦不可不明此意也雖然古文由鄭君而明人知之而今文由鄭君而廢則人不之知也東漢之季今文家經師李育何休第五元輩猶有存者鄭君親受業於元不能發明七十子後學之微言大義而惟取今文

家口說補苴舊史之漏失箋詩傳則宗毛氏而絀三家解春秋則依左氏而貶二傳議禮則以明堂陰陽亂后蒼二戴之師傳詁尚書則以杜林桼書改伏生夏侯之定本講周易爻辰則襍費義於京氏之中發公羊墨守則謂何邵公爲鄉曲之學兩漢專門之授受至鄭君而一變自是厥後齊詩慶氏曲臺記先亡施氏梁邱之易歐陽夏侯之書亡於永嘉魯詩不過江東孟京易韓詩雖在人無傳者公羊穀梁二傳亦式微殆絕其禍皆起於鄭學之肆行而諸經棄如土苴也蓋學者之大患莫患於抱一先生之言以自封而尤莫患於強作調人以亂專家之宗旨抱一先生之言以自封不過專已守

殘而已强作調人以亂專家之宗旨則專家之書未有不自我而亡者劉炫合南北派而北派衰鄭康成合今古文而今文廢其理一也范蔚宗徒見經有數家家有數說以爲東京滯固之流弊而豈知括囊大典網羅衆家其貽毒於學術竟至此哉鄭志曰不信亦非悉信亦非康成學問之誤正坐此安有囊括大典而作此騎牆之見乎惜六藝論全書已佚無以考其宗旨之所依據也嗟乎寍道孔聖誤諱言服鄭非門戶異同之見囂自六朝唐宋而已然矣此諍辯相尋六藝之道所以淩夷至於今日也此篇舊所作立論雖似偏宕而於鄭君經術大旨實囊括無遺姑附於此願與曠代哲匠共商推之

史微卷第一終

史微卷第二

多伽羅香館叢書第二種

內篇

錢塘張采田孟劬撰

原道

昔者黃帝既執道以濟天下矣知道爲君人之要術得之者昌失之者亡故立史官而世守之以垂誡後王非得道者如夏之終古商之向摯周之辛甲尹佚莫能居是職焉而一時佐人君明治理者若伊尹輔湯說苑伊尹對湯曰三公者知通於大道者也其言足以調陰陽正四時節風雨如是者舉以爲三公故三公之事常在於道也書五十一篇漢志列冠道家之首注曰湯相鬻熊太公興周漢志道家著錄太公二百三十七篇注呂望爲周師尚父本有道者鬻子二十二篇注名熊爲周師自文王以下問焉太公書已佚鬻子今存十四篇逢行珠序曰敷演大道銓撰明史闡域中之致化論刑德之是非

雖卷軸不全而其門可見子之肇始莫先於斯矣

管仲治齊太史公載管仲治齊之政曰俗之所欲因而予之俗之所否因而去之其爲政也善因禍而爲福轉敗而爲功貴輕重愼權衡諸侯由是歸齊故曰知與之爲取政之寶也因者君之綱此管子所以爲道家亦無不推原斯學以秉要而執本文心雕龍諸子篇曰篇述者蓋上古遺語而戰代所記者也前此若墨有尹佚儒有晏子名有鄧析陰陽有司星子韋小說有師曠襍有伍子胥由余以及伊尹太公鬻子管子雖學各有宗然皆未嘗持以名家持以名家則萌芽於七國而辯章於劉向今之所稱實據後以蔽前也史家通例聊發其蒙於此

降及東遷天子失官老聃乃以守藏史述黃帝上古之言著道德五千言莊列關尹之徒羽翼之號爲道家蓋始此矣道家之號蓋始於列子見劉向敘錄是故道家者君人南面之術六蓺之宗子百家之祖而我孔子所師承也孔子曰有天地然後有萬物道家曰有物混成先天地生孔子曰分陰分陽迭用柔剛道家

曰致虛極守靜篤此其用術之順逆固不同矣道家雖表裏歸藏而與周易微有不同蓋周易經文王所演孔子所序次已非復道家宗旨矣干寶易注曰物有先天地而生者矣今正取始於天地天地之先聖人弗之論也故其所法象必自天地而還老子曰有物混成先天地生吾不知其名強字之曰道上繫曰法象莫大乎天地莊子曰六合之外聖人存而不論春秋穀梁傳曰不求知所不可知者智也而今後世浮華之學強支離道義之門求入虛誕之域以傷政害民豈非讒說殄行大舜之所疾者乎是老易之辨古人已有定論余書中謂道家出於易象蓋指其原言之讀者勿以辭害意也而有大同者爲同者何曰同原於道而已桓譚新論曰老子謂之道孔子謂之元蓋有物混成先天地生此物不可見而古今成敗興廢禍福存亡之道皆此物之所遞嬗則可見故老子強名之曰道孔子言道與老子同而別名此物爲乾元此道家與孔子同原之一大證也道家冥覽古始知天地所由締造皆此古今成敗興廢禍福存亡之道爲之推蕩以有今日也於是觀於天地間萬事萬物而趨於相反相成之亟耑盈

不可常滿也則以虛葆之强不可常恃也則以弱守之仁與不仁相隨也則以不仁仁之德與不德相紕也則以不德德之於是而規內聖之術曰後其身而身先外其身而身存於是而規外王之術曰絕聖棄智絕仁棄義絕巧棄利昏昏沌沌使天下一返諸無名之朴則幾於道矣幾於道則可與天爲徒矣所謂君原於德而成於天者意在斯乎意在斯乎余故曰道家者君人南面之術也問者曰道家爲君人南面之術是固然矣而何以又毀仁義攻百家邪答之曰此不知道家之言耳道家之小仁義與百家也豈毀之哉蓋道家所明者君道也百家皆出官守所明者臣道也君道者天道也臣道者人道也故其言曰帝

王之德以天地爲宗以道德爲主以無爲爲常無爲也則用天下而有餘有爲也則爲天下用而不足上無爲也下亦無爲也是下與上同德下與上同德則不臣下有爲也上亦有爲也是上與下同道上與下同道而不主上必無爲而用天下下必有爲爲天下用此不易之道也又曰何謂道有天道有人道無爲而尊者天道也有爲而累者人道也主者天道也臣者人道也天道之與人道相去遠矣不可不察也又曰禮法數度形名比詳古人有之此下之所以事上非上之所以畜下也是則道家之小仁義與百家葢折中於天道耳惟其以天爲主則其於仁義與百家也小之亦宜雖然謂其小之是也謂其毀之則非也

且子獨不讀莊子之書乎莊子之書固世所謂剽剝儒墨者也在宥篇曰匿而不可不爲者事也粗而不可不陳者法也遠而不可不居者義也親而不可不廣者仁也節而不可不積者禮也中而不可不高者德也一而不可不易者道也神而不可不爲者天也天道篇曰古之明大道者先明天而道德次之道德已明而仁義次之仁義已明而分守次之分守已明而形名次之形名已明而因任次之因任已明而原省次之原省已明而是非次之是非已明而賞罰次之以此事上以此畜下以此治物以此修身知謀不用必歸其天此之謂太平治之至也老子告孔子亦曰三皇五帝之禮義法度其猶柤梨橘柚耶其味相

反而皆可於口故禮義法度者應時而變者也又曰仁義先王之蘧廬也止可以一宿而不可久處故古之至人假道於仁託宿於義以遊逍遙之虛由是觀之則道家之於仁義百家實已無所不包矣故其小仁義與百家也非毀之也誠以仁義百家皆知治之具而非知治之道可用於天下而不足以用天下道家專重君道重君道則於仁義百家不能不在所緩耳問者曰道家不毀仁義百家既聞命矣而其糟粕六經則又何說且六經者史官之本也意者道家自昧其本歟答之曰子何以見道家糟粕六經乎昔孔子繙十三經詩書禮樂易春秋以見老子老子曰六經先王之陳迹也夫迹履之所出而迹豈履哉謂之

迹者蓋六經皆先王經世之粲然者而道家則六經之意也自天子失官史與道分孔子問於老聃而刪述焉六經折入儒家而先王之意隱矣道家所言蓋歎之也豈可以此謂道家出於六經之外而與吾儒異原邪太史公老莊列傳曰世之學老子者則絀儒學儒學亦絀老子道不同不相爲謀豈謂是耶其辭譏世學微而婉所謂末流之失非兩家言道有二本也雖然道家爲世詬病久矣而後之論者猶不止此則請爲子備言之道家重養身養身則靜靜則耳目聰明萬物無足以鐃其心而天下之情僞畢瞭焉司馬談說之曰凡人所生者神也所託者形也神太用則竭形太勞則敝形神離則死死者不可復生離者不可復反故聖人重之由是觀之神者生之本也形者生之具也不先定其

神而曰我有以治天下何由哉呂不韋亦曰聖人察陰陽之宜辨萬物之利以便生故精神安乎形而年壽得長焉長也者非短而續之也畢其數也莊子亦謂吹呴呼吸吐故納新熊經鳥申爲壽而已矣此道引之士養形之人彭祖壽考者之所好也而以不道引而壽爲天地之道聖人之德則道家養身之義端可識矣而論者乃謂如此則與方士長生之術無異也道家倡無爲無爲者無爲而無不爲也淮南說之曰所謂無爲者不先物爲也所謂無不爲者因物之所爲也莊子亦曰靜則無爲無爲也則任事者責矣而論者乃謂如此則人人偷安而天下之治隳也道家貴後而不貴先貴柔而不貴強其貴後與柔者所

以待時也淮南說之曰所謂後者非謂其底滯而不發凝結而不流貴其周於數而合於時也老子亦曰將欲弱之必固强之而論者乃謂如此則人人退屈而天下之機失也且也莊周有言當時命而大行乎天下則反一無迹不當時命而大窮乎天下則深根寧極而待此存身之道也又曰以此處上帝王天子之德也以此處下玄聖素王之道也則道家之隱淪不仕非忘世也明矣而論者乃謂其可以處山林而不可以用天下也古之所謂隱士者非伏其身而弗見也非閉其言而不出也非藏其知而不發也史記雖稱老子修道德其學以自隱無名爲務而載告孔子則曰君子得其時則駕不得其時則蓬累而行至莊子乃謂我寧游戲汙瀆之中自快無爲有國者所羈終身不仕以快吾志焉儻所云散道德放論歸之自然者歟然不可以此議其宗旨嗟乎道家之指歸果若是

哉此其故總由史統既歸孔子百家黜道始失傳遂使千古
君人南面之術薶沒於神仙方伎之中迄無一人心知其意耳
後世講長生不死者皆神仙家言神仙爲方技之一種明載漢志非道家也至張道陵寇謙之等之僞道教則又稗販佛教及巫覡諸說而爲之益與古道家相去萬里矣馬貴與已辨之荀近代方維甸敘抱朴子尤詳分合余別有所考此不悉具
知道家爲君人南面之術則雖有疑義皆可推之而通而老聃
莊列諸書亦昭然若發矇矣此余之所以不憚反復證明也

原墨

道家之外能與儒家代興思以所學易天下者則曰墨家墨家
者史之小宗也漢志曰墨家者流葢出於淸廟之守呂氏春秋
曰魯惠公使宰讓請郊廟之禮於天子桓王使史角往惠公止

之其後在於魯墨子學焉是則墨家之學出於淸廟之守淸廟之守掌郊祀之禮者也掌郊祀之禮非祝史乎余嘗反復墨子全書知墨術眞祝史之遺教也周禮大祝掌六祝之辭以事鬼神示祈福祥求永貞此卽墨家明鬼之旨焉掌六祈以同鬼神示此卽墨家尚同之旨焉作六辭以通上下親疏遠近此卽墨家兼愛之旨焉小祝有寇戎之事則保郊祀之社此卽墨家非攻之旨焉祝史之職不詳其所始據淮南云墨子學儒者之業受孔子之術以爲其禮煩擾而不說厚葬靡財而貧民服傷生而害事故背周道而用夏政莊子云墨子稱道曰昔者禹之湮洪水決江河而通四夷九州也腓無胈脛無毛沐甚雨櫛疾風

禹大聖也而形勞天下也如此使後世之墨者多以裘褐為衣以跂蹻為服日夜不休以自苦為極曰不能如此非禹之道也不足謂墨列子引禽子曰以吾言問大禹墨翟則吾言當矣墨子謂公孟亦曰子法周而未法夏也子之古非古也今觀墨家之道曰節用曰貴儉曰右鬼與非飲食而致孝乎鬼神卑宮室而盡力乎溝洫惡衣服而致美乎黻冕相同意者清廟之守其託始於禹世乎淮南要略曰禹之時天下大水禹身執虆垂以為民先剔河而道九歧鑿江而通九路辟五湖而定東海當此之時燒不暇撌濡不給扢死陵者葬陵死澤者葬澤故節財薄葬閒服生焉蓋諸子學術皆出百官百官各有所始史官始黃帝故道家託諸黃帝司徒之官始堯舜故儒家斷自堯舜清廟之守始夏禹故墨家稱乎夏

禹其揆一也雖然墨術原於禹而禹道固不足以盡墨家之宗旨也墨子七十一篇語必則古昔稱先王言堯舜禹湯文武者六言禹湯文武者四言文王者三至明鬼篇述祝史之源流則曰昔者虞夏商周三代之聖王其始建國營都日必擇國之正壇置以爲宗廟必擇木之修茂者立以爲菆位必擇國之父兄慈孝貞良者以爲祝宗必擇六畜之勝腯肥倅毛以爲犧牲必擇五穀之芳黃以爲酒醴粢盛觀其以虞夏與商周三代並言亦可見墨子之學無常師矣故韓非曰孔子墨子俱道堯舜而取舍不同太史譚亦曰墨者亦尙堯舜道言其德行此之謂也考墨家最古者有尹佚二篇漢志嘗著錄之尹佚卽史佚也其遺說逸周書左傳

往往引之至獨成一家之學則始於墨翟史記孟荀傳曰蓋墨翟宋之大夫善守禦爲節用或曰並孔子時或曰在其後別錄曰墨子書有文子文子子夏之弟子問於墨子如此則墨子者在七十子後矣余以其書案之所載楚惠王魯文君問答之詞多非春秋時事其爲七十子後人更無疑義此所以繼孔子而興徒侶之衆幾與儒家中分天下也故莊周稱之爲才士不韋尊之爲鉅子見於漢志者則有若隨巢子焉有若胡非子焉見於呂覽者則有若禽滑釐焉有若唐姑果焉見於諸子載記者則有若墨者夷之焉有若墨者田鳩焉韓非顯學篇曰自墨子之死也有相里氏之墨有相夫氏之墨有鄧陵氏之墨墨離爲三羣

輔錄曰不累於俗不飾於物不尊於名不忮於衆此宋鈃尹文之墨裘褐爲衣跂蹻爲服日夜不休以自苦爲極者相里勤五侯子之墨俱稱經而背譎不同相謂別墨以黑白此苦獲以齒鄧陵子之墨孟子有言楊墨之言盈天下天下之言不歸楊則歸墨當孔子史統未定以前墨學傳習於戰國一代可謂極取合諸侯之盛矣大抵百家中最大者有二家一曰道家一曰墨家二家皆原於史皆以言天立教者也道家出太史太史主知天道者也故道家以法天爲要歸墨家出祝史祝史主事天鬼者也故墨家以順天爲宗旨吾何以知墨家宗旨在順天乎吾以墨子天志一篇知之天志曰昔三代聖王禹湯文武欲以天

之爲政於天子明說天下之百姓故莫不犓牛羊豢犬彘潔爲粢盛酒醴以祭祀上帝鬼神而求祈福於天順天意者兼相愛交相利必得賞反天意者別相惡交相賊必得罰墨子言天者極多與此意皆同略引一端可以隅反也又曰故子墨子之有天之意也天之意即天志故又曰我有天志文繁不悉錄上將以度天下之王公大人爲刑政也下將以量天下之萬民爲文學出言談也觀其行順天之意謂之善意行反天之意謂之不善意觀其刑政順天之意謂之善刑政反天之意謂之不善刑政故置此以爲法將以量度天下之王公大人卿大夫之仁與不仁譬之猶分黑白也由是而觀墨家學術之宗旨可一言以蔽之亦曰順天而已矣惟其順天故主非攻其言

曰天之意不欲大國之攻小國也惟其順天故主兼愛其言曰順天之意何若曰兼愛天下之人何以知兼愛天下之人也以兼而食之也惟其順天故主尚賢其言曰古聖王以尚賢使能爲政而取法乎天雖天亦不辯貧富貴賤遠邇親疏賢者舉而尚之不肖者抑而廢之惟其順天故主尚同其言曰天下之百姓皆上同於天一而不上同於天則菑猶未去也今若天飄風苦雨溱溱而至者此天之所以罰百姓之不上同於天者也惟其順天故主節葬節葬者所以厚於祭天也其言曰以厚葬久喪者爲政國家必貧人民必寡刑政必亂若苟貧是粢盛酒醴不淨潔也若苟寡是事上帝鬼神者寡也若苟亂是祭祀不時

度也惟其順天故主明鬼其言曰古者聖王明天鬼之所欲不避天鬼之所憎是以率天下之萬民齋戒沐浴潔爲酒醴粢盛以祭祀天鬼明鬼一篇皆祝史祭祀之大義山海經凡某山必云其祠之禮何瘞用何糈用何山海經爲禹益之遺書祭祀之禮起於夏禹墨家出於祝史觀於明鬼等篇其義顯然惟其順天故主非樂其言曰上者天鬼亦戒下者萬民弗利誠將欲興天下之利除天下之害當在樂之爲物也不可不禁而止也惟其順天故主非命其言曰命上不利於天中不利於鬼下不利於人而強執此者此持凶言之所自生而暴人之道也然則天志一篇眞墨子全書之綱要而所謂非攻兼愛尚賢尚同非樂非命節用節葬者其由天志之義推而見諸行事者乎魯問篇曰國家昏亂則語之尚

賢尚同國家貧則語之節用節葬國家喜音沈湎則語之非樂非命國家淫僻無禮則語之尊天事鬼國家務奪侵陵則語之兼愛非攻此其救時亦多術矣而要其原皆自天志發之尸子曰墨子貴兼兼爲墨翟全書指歸惟天志篇言之最詳凡墨家摩頂放踵皆兼利天下之旨也呂氏春秋作貴廉兼廉通假字余故曰墨家者祝史之遺教而史之小宗也或問曰子謂墨家之旨在順天是已而經上經下經說上經說下及大取小取等篇識者多謂墨學之源流何以與天志所言不同也亦有說歟答之曰經上下經說上下莊周名之曰別墨而魯勝稱之曰辯經者也大取小取則又專爲語經而作者也以余考之皆非墨家學術之正宗也莊子天下篇曰相里勤之弟子五侯之徒南方

之墨者苦獲已齒鄧陵子之屬俱誦墨經而倍譎不同相謂別
墨以堅白同異之辯相訾以觭偶不仵之辭相應以巨子爲聖
人皆願爲之尸冀得爲其後世至今不决會勝傳則言惟注墨
辯存其序曰墨子著書作辯經以立名本惠施公孫龍祖述其
學以正刑名顯於世孟子非墨子其辯言正辭則與墨同荀卿
莊周等皆非毀名家而不能易其論也自鄧析至秦時名家者
世有篇籍率頗難知後學莫復傳習於今五百餘歲遂亡絕墨
辯有上下經經各有說凡四篇與其書衆篇連第故獨存今引
說就經各附其章疑者闕之又采諸衆襍集爲刑名二篇略解
指歸以俟君子今據二人之說以觀經上經下經說上下及大

取小取六篇所言多與公孫龍子相符合眞粹然名家之學也豈非莊生所謂以堅白同異之辯相訾魯勝所謂作辯經以立名本者哉蓋名家本出禮官而墨家則出清廟之守清廟之守又掌郊祀之禮者也其與名家相表裏也固其宜矣或曰六篇既不足爲經矣然則果何篇爲墨子之經乎曰以言乎墨子之經惟親士修身所染法儀七患辭過三辯七篇足以當之何則墨子全書之宗旨不外乎天志尚賢尚同兼愛非攻節用節葬明鬼非樂非命十者而已而此十者大抵由此七篇中推而演之者也親士篇言非賢無急非士無與慮國則尚賢之所從出也法儀篇言莫若法天天之行廣而無私其施厚而不德其明

久而不衰故聖王法之則天志之所從出也又言奚以知天兼而愛之兼而利之也以其兼而有之兼而食之則兼愛之所從出也又言昔之聖王禹湯文武兼天下之百姓率以尊天事鬼則明鬼之所從出也七患篇言上世之聖王豈能使五穀常收而旱水不至哉然而民不凍餓者何也其生財密其用之節也則節用節葬之所從出也三辯篇言其樂逾繁者其治逾寡樂非所以治天下也則非樂之所從出也惟尚同非攻非命無說明然旨義已隱具於篇中矣潛溪諸子辨曰墨子三卷上卷七篇號曰經中卷下卷六篇號曰論是此七篇之爲墨經由來久矣豈可與經上經下名家別墨者同日語乎余觀管子書有經言九篇韓非子內儲外儲

說有經二十二篇賈誼新書有容經商高周髀有算經則墨子以此七篇爲經而以餘者爲論蓋猶儒家尊孔子所言爲孝經道家尊老子所言爲道經耳而章實齋反謂古人不當稱經自蹈於僭竊王章之罪亦可謂知黑入不知白出者矣古人政典編著官府則曰經李悝法經是也三代簡略六藝不稱經而經之實具其後國異政家殊俗六藝已非當代頒行之書但可名史不得稱經稱經儒家崇奉孔子耳故七十子後學所紀有經解篇而諸子著書其徒亦以經尊之而經之名始不專屬政典矣實齋所言辨而實外嗟乎墨子一書自孟子因兼愛節葬之流弊詆之爲無父而宋儒又創爲鬱言至以西方之教屏棄之佛教主於出世而墨學則意在治世蓋百家皆由於官守無一非先王經緯天下之道不特墨子爲然即楊朱爲我遺書雖亡見於列子所引者亦豈有出世大法耶遂使先王祝史之遺教歷數千餘年無一人能通其義者

莊生嘗言不侈於後世不靡於萬物不暉於數度以繩墨自矯而備世之急古之道術有在於是者墨翟禽滑釐聞其風而悅之作爲非樂命之曰節用生不歌死無服墨子汎愛兼利而非鬬其道不怒又好學而博不異不與先王同毀古之禮樂其生也勤其死也薄反天下之心天下不堪墨子雖能獨任奈天下何太史譚要旨曰墨者儉而難遵是以其事不可偏循然其彊本節用不可廢也又曰堂高三尺土階三等茅茨不翦采椽不刮食土簋啜土刑糲粱之食藜藿之羹夏日葛衣冬日鹿裘其送死桐棺三寸擧音不盡其哀敎喪禮必以此爲萬民之率使天下法若此則尊卑無別也夫世異時移事業不必同故曰儉而難遵要曰彊本節用則人給家足之道也此墨子之所長雖百家弗能廢也譚以史官舊學辯章六家與莊周義同此眞墨流之定論彼嘵嘵者何容置喙於其閒哉

原褋

道家古太史之術墨家古祝史之術故二家於九流中爲最大若夫二家之外能與之鼎立自成一子則又有褋家褋家何以能與二家鼎立哉曰褋家者宰相論道經邦之術亦史之支裔也古代宰相實維三公鄭康成注尚書大傳曰坐而論道謂之三公通職名無正官名漢百官表曰太師太傅太保是爲三公蓋參天子坐而議政無不總統不以一職爲官名記曰三公無官言有其人然後充之惟其無正官名而又職司議政故漢隋兩志均稱之爲議官議官之道上以佐理天子知國體之有此下則總統百官見王治之無不冠道家爲天子南面之術儒墨

名法爲百官典守之遺是故襍家無不歸本於道家又無不兼儒墨合名法昔高誘序呂氏春秋曰此書所尙以道德爲標的以無爲爲綱紀以忠義爲品式以公方爲檢格與孟軻孫卿淮南揚雄相表裏也（言呂覽一書自成一家與孟軻等書相同非謂襍家學術也讀者不可誤會）而序淮南則曰其旨近老子淡泊無爲蹈虛守靜出入經道言其大也則燾天載地說其細也則淪於無垠及古今治亂存亡禍福世閒詭異瓌奇之事其義也著其文也富物事之類無所不載然其大較歸之於道是則襍家之宗旨古人已先我論定矣（劉書新論襍者孔甲尉繚尸佼淮南之類也明陰陽本道德兼儒墨合名法包從横納農植觸類取與不拘一緒其甄明流別亦高誘儔也）不觀呂相不韋淮南王安二家之書乎呂氏著書之旨莫

詳於序意序意雖十二紀之總序實不啻呂覽全書纂要也其言曰良人請問十二紀文信侯曰嘗得學黃帝之所以誨顓頊矣爰有大圜在上大矩在下大圜大矩指天地言汝能法之爲民父母蓋聞古之淸世是法天地凡十二紀者所以紀治亂存亡也所以知壽夭吉凶也上揆之天下驗之地中審之人若此則是非可不可無所遁矣天曰順順維生地曰固固維寧人曰信信維聽三者咸當無爲而行行也者行其理也由此觀之一則曰紀治亂而知壽夭再則曰法天地而行無爲非襍家兼儒墨合名法以歸本於道家之大義乎淮南著書之旨莫詳於要略要略者亦一書之通例也其言曰凡屬書者所以窺道開塞庶後世使

知舉錯取舍之宜適故言道而不明終始則不知所倣依言終始而不明天地四時則不知所避諱言天地四時而不引譬援類則不知精微言至精而不原人之神氣則不知養生之機原人情而不言大聖之德則不知五行之差言帝道而不言君事則不知小大之衰言君事而不爲稱喻則不知動靜之宜言稱喻而不言俗變則不知合同大指已言俗變而不言往事則不知道德之應知道德而不知世曲則無以耦萬方知氾論而不知詮言則無以從容通書文而不知兵指則無以應卒已知大略而不知譬喻則無以推明事知公道而不知人閒則無以應禍福知人閒而不知修務則無以使學者勸力欲強省其詞則

不足以窮道德之意故著書二十篇則天地之理究矣人間之事接矣帝王之道備矣其言有小有巨有微有粗然而能得本知末者其惟聖人也今學者無聖人之才而不爲詳說則終身顚頓乎混溟之中而不知覺寤乎昭明之術矣由是觀之一則曰接人間之事再則曰備帝王之道非襍家兼儒墨合名法以歸本於道家之大原乎然則襍家之爲術也範圍天地之化而不過曲成萬物而不遺進退百家以放之乎道德之域眞宰相之所以論道經邦者也豈後世子鈔子纂之流同類而等視哉彼以集衆修書襍糅不純爲襍家益失之矣或曰襍家之學出於議官既聞命矣敢問呂覽淮南二書命名之義可得言歟曰

矣爲而不可也呂覽之爲書也太史遷嘗說之矣呂不韋傳曰是時諸侯多辯士如荀卿之徒著書布天下呂不韋乃使其客人人著所聞集論以爲八覽六論十二紀二十餘萬言以爲備天地萬物古今之事號曰呂氏春秋十二諸侯年表曰呂不韋秦莊襄王相亦上觀尚古刪拾春秋集六國時事以爲八覽六論十二紀爲呂氏春秋此二說足以盡呂氏矣故其書有十二紀有八覽有六論紀者所以明王者政教當順四時而行也覽者所以訓誡人君備覽觀也論者所以尚論天地萬物古今之事變也鄭康成有言呂氏說月令而謂之春秋事類相近焉蔡邕有言呂不韋著書取月令爲記號曰記號曰事類比事屬詞

引譬援類此春秋之名所由倣歟至於淮南之書本名鴻烈鴻大也烈明也以爲大明道之言也故其書始原道終泰族而以要略殿焉皆謂之訓者訓說敎也亦所以敎誨人主使之統天下理萬物應變化通殊類而與世推移也是以要略說之曰夫作爲書論者所以紀綱道德經緯人事上考之天下揆之地中通諸理故多爲之詞博爲之說又恐人之離本就末也故言道而不言事則無以與世浮沈言事而不言道則無以與化游息故著二十篇有原道有俶眞有天文有墬形有時則有覽冥有精神有本經有主術有繆稱有齊俗有道應有氾論有詮言有兵略有說山有說林有人閒有修務有泰族也博矣哉議官之

道舍二家吾誰觀哉蓋議官古之三公也天子統三公三公統百官天子當知君人南面之道三公亦當備君人南面之道天子本君人南面之道法天以受百官之成三公則明君人南面之道承天以貳百官之守昔漢置太史公位丞相上虞喜志林曰古者主天官者皆上公自周至漢其職轉卑然朝會坐位猶居公上尊天之道也可證議官一學非深明天道者蓋不足以當之矣史官主知天道余故曰禨家者史之支裔也

原法

儒墨道禨四家爲諸子中之大支既聞命矣敢問法家之學與其流派曰法家之學出於理官漢志明言之矣蓋道家君人南

面之內術而法家則君人南面之外術也法無道則失本道無法則不行太史公爲申韓列傳曰申子之學本黃老而主刑名韓非喜刑名法術之學而其歸本於黃老又曰申子卑卑施之於名實韓子引繩墨切事情明是非其極慘礉少恩皆原於道德之意尹文子亦曰道不足以治則用法法不足以治則用術術不足以治則用權權不足以治則用勢勢用則反權權用則反術術用則反法法用則反道道用則無爲而自治故窮則徼終徼終則反始始終相襲無窮極也是可見法家之爲用蓋不能離道矣故法家者以道爲常以法爲本人君所以禁淫慝齊不軌而輔於治者也何以言之古者未有君民上下之時民亂

而不治無所謂貴賤爵位名號也聖人爲之立君以統之爲之設長以率之而君長也者以藐躬託於百官萬民之上上下一日百戰若朽索之馭六馬苟無法焉以維繫其間何以能持久而不敗哉老子曰魚不可脫於淵國之利器不可以示人此之謂也聖王知其然也於是立法以示天下使天下親疏遠近貴賤美惡一斷以法官無私論士無私議民無私說皆虛其匈以聽於上如天地之無不覆幬焉而後身安而國家可保矣余嘗讀管仲之書仲之言曰法者上之所以一民使下也私者下之所以侵法亂主也故聖君置儀設法而固守之然故諶杵習士聞識博學之人不可亂也衆强富貴私勇者不能侵也信近親

愛者不能離也珍怪奇物不能藏也萬物百事非在法之中者
不能動也故法者天下之至道也聖君之實用也又讀韓非之
書非之言曰君臣也者以計合者也至夫臨難必死盡智竭力
爲法爲之故先王明賞以勸之嚴刑以威之又曰聖人之治國
也固有使人不得不愛我之道而不恃人之以愛爲我也正直
之道可以得利則臣盡力以事上正直之道不可以得安則臣
行私以干上明主知之故設利害之道以示天下而已矣又曰
下匿其私用試其上上操度量以割其下故度量之立主之寶
也又曰人臣之於其君非有骨肉之親也縛於勢而不得不事
也故爲人臣者窺覘其君心也無須臾之休而人主怠慠處其

上此世所以有刼君弑主也由是觀之法家之宗旨無他一言以蔽之曰不使君權下移於臣庶而已其不使君權下移於臣庶者所以鞏固其國礎而已慎子曰立天子以爲天下非立天下以爲天子也立國君以爲國非立國以爲君也立官長以爲官非立官以爲官長也法雖不善猶愈於無法所以一人心也夫投鉤以分財投策以分馬非鉤策爲均也使得美者不知所以美使得惡者不知所以惡此所以塞願望也觀此可見法家立法之本意三代帝王所以享國長久無篡奪之禍者胥是術也春秋之中弑君三十六亡國五十二諸侯奔走不得保其社稷不可勝數豈盡君之無道乎易曰臣弑君子弑父非一朝一夕之故其所由來者漸矣然則司理之設法家所講求謂非有國有家者之急務哉太史談六家要旨曰法家嚴而少恩然其正君臣上下之分不可

改也誠深知法家宗旨者矣考法家之學原於黃帝管子曰黃帝之治也置法而不變使民安其法者也此可徵法家緣起故法家無不與道家相表裏也傳及戰代分爲四派一曰愼到一曰申不害一曰商鞅一曰韓非愼到申不害言法之術者也商鞅言法之法者也韓非則合法術而推其原者也今申子已佚申子書佚說見於羣書所載者如北堂書鈔引君之所以尊者令令之不行是無君也故明君愼之太平御覽引君必明法若懸權衡以稱輕重所以一羣臣也諸條尚可略見其宗旨愼子非完書愼子之論治也曰君人者舍法而以身治則誅賞予奪從君心出受賞者雖當望多無窮受罰者雖當望輕無已又曰明君動事分官由慧定賞分財由法行德制中由禮故欲不得干時愛不得犯法貴不得踰親祿不得踰位士不得兼官工不得兼事以能受事以事受利若是者上無羨賞下無羨財惜其全書不少概見然即此數語推之謂之發明創法之術殆不誣矣公孫宏對策曰擅殺生之柄通壅塞之塗權輕重之數論得失之道使遠近情僞必見於上謂之術得其要則天下安樂法設而不用不得其術則

主蔽於上官亂於下此事之情屬統垂業之本也可與愼子宗旨相印證試以韓商二家徵之韓非一書有論刼奪之禍者焉皆法家之術也故曰愛臣太親必危其身人臣太貴必易主位有論富强之效者焉皆法家之法也故曰國無常强無常弱奉法者强則國强奉法者弱則國弱所謂寄治亂於法術託是非於賞罰屬輕重於權衡者此也豈非合法術而推其原乎至於商君則法家之實行者也其術以農戰爲本務故曰國待農戰而安主待農戰而尊夫民之不農戰也上好言而官失常也常官則國治壹務則國富國富而治王之道也此眞法家之專詳立法者也蓋商君所治者秦秦俗强狠故不能不用嚴刑淮南要略曰秦國之俗貪狠强力寡義而趨利可威以刑而不可化以善可勸以賞

而不可厲以名被險而帶河四塞以爲固地利形便畜積殷富孝公欲以虎狼之勢而吞諸侯故商鞅之法生焉韓非所說者韓韓國危亡故不能不進苦口太史公韓非傳曰非見韓之削弱數以書諫韓王韓王不能用於是韓非疾治國不務修明其法制執勢以御其臣下富國彊兵而以求人任賢反舉浮淫之蠹而加之於功實之上以爲儒者用文亂法而俠者以武犯禁寬則寵名譽之人急則用介胄之士今者所養非所用所用非所養悲廉直不容於邪枉之臣觀往者得失之變故作孤憤五蠹內外儲說林說難十餘萬言論衡亦曰韓國不小弱法度不壞廢則韓非之書不爲商君有言聖人之爲國也不法古不修今因世而爲之治度俗而爲之法故法不察民之情而立之則不成治宜於時而行之則不干聖王之治也愼爲察務歸心於壹而已二子審時勢權利害其愼於制法如此而說者乃以殃國蠹民爲法家病亦見其設淫詞而助之攻也韓非姦劫篇曰聖人者審於是非之實察於治亂之情故其治國也

正明法陳嚴刑將以救羣生之亂去天下之禍使強不陵弱衆不暴寡耆老得遂幼孤得長邊境不侵君臣相親父子相保而無死亡係虜之患此亦功之至厚者也愚人不知顧以爲暴愚者固欲治而惡其所以治皆惡危而喜其所以危此夫智士所以至死而不顯於世也是當時詆訾者已不得法家之用意故韓子言之有餘慨焉　嗟乎法家者君人南面之外術也自孝公變法用商鞅墾草令開阡陌以區區之秦常強於六國始皇因之卒并天下其後賈生晁錯又皆以明申商稱於時徒粟塞下之謀分封諸王之策實其已試之效矣孔子曰棄法是無以爲國家也使孔子而非聖人也則已使孔子而聖人也則豈非法家之定論乎余故本孔子之義粗考法家之源流後有論者其無令古人理官一學獨蒙惡聲可耳

原名

古之君子其自命皆有以天下爲任之心其爲學皆有以禮樂爲治之志而其措諸行事又必持之有故言之成理然後可以曉學者而達神恉焉是故貴賤不明同異不別如是則志必有不喻之患而事必有困廢之敗故知者爲之分別制名以指實漢志曰名家者流蓋出於禮官古者名位不同禮亦異數孔子曰必也正名乎名不正則言不順言不順則事不成此其所長也名家宗旨盡於此矣雖然名家之學百家莫不兼治之荀子有正名篇矣則儒家之有名也墨子有辨經及大取小取矣則墨家之有名也韓非子嘗言形名參同矣則法家之有名也呂氏春秋亦有正名篇矣則襍家之有名也竊嘗論之荀卿長於

禮墨家本祝史祝史掌祭祀祭祀禮之大者也此因禮而兼及
名家者耳法家言信賞必罰賞罰必當其實此因明法而兼及
名家者耳雜家兼儒墨合名法知王治之無不貫此因備衆家
所長而兼及名家者耳皆非專修名家之術者也專修名家之
術則始於鄧析子析之言曰緣身而責名緣名而責形緣形而
責實又曰循名責實實之極也按實定名名之極也參以相平
轉而相成故得之形名又曰循名責實君之事也奉法宣令臣
之職也又曰上循名而督實下奉教而不違又曰談者別殊類
使不相害序異端使不相亂諭志通意非務相乖也此眞得名
家之精義矣然析雖備言名與治相關之理而猶未暢發其學

也暢發其學則始於尹文子尹文子於名立三科於法立四呈何謂三科一曰命物之名方圓白黑是也二曰毀譽之名善惡貴賤是也三曰況謂之名賢愚愛憎是也何謂四呈一曰不變之法君臣上下是也二曰齊俗之法能鄙同異是也三曰治衆之法慶賞刑罰是也四曰平準之法律度權量是也故其言曰先正名分使不相侵褫然後術可秘勢可專名者名形者也形者應名者也然形非正名也名非正形也則形之與名居然別矣不可相亂亦不可相無今萬物具存不以名正之則亂萬名具列不以形應之則乖善名命善惡名命惡故善有善名惡有惡名聖賢仁智命善者也頑嚚凶愚命惡者也今卽聖賢仁智

之名以求聖賢仁智之實未之或盡也卽頑嚚凶愚之名以求頑嚚凶愚之實亦未或盡也使善惡盡然有分雖未能盡物之實猶不患其差也故名稱者何彼此而檢虛實者也自古至今莫不用此而得用彼而失失者由名分混得者由名分察今親賢而疏不肖賞善而罰惡賢不肖善惡之名宜在彼親疏賞罰之稱宜屬我我之與彼又復一名名之察者也名賢不肖爲親疏名善惡爲賞罰合彼我之一稱而不別之名之混者也語曰好牛好則物之通稱牛則物之定形以通稱隨定形不可窮極者也設復言好馬則復連於馬矣則好所通無方也設復言好人則彼屬於人也則好非人人非好也則好牛好馬好人之名

自離矣故曰名分不可相亂也斯言也可謂較鄧析又精邃矣何則以其規定範圍卓然自成一家也（荀子正名篇曰心有徵知徵知則緣耳而知聲可也緣目而知形可也然而徵知必將待天官之當簿其類然後可也五官簿之而不知心徵之而無說則人莫不然謂之不知此所緣而以同異也然後隨而命之同則同之異則異之單足以喻則單單不足以喻則兼單與兼無所相避則共雖共不爲害矣故萬物雖衆有時而欲徧舉之故謂之物物也者大共名也推而共之共則有共至於無共然後止有時而欲徧舉之故謂之鳥獸鳥獸也者大別名也推而別之別則有別至於無別然後止物有同狀而異所者有異狀而同所者可別也狀同而爲異所者雖可合謂之二實狀變而實無別而爲異者謂之化有化而無別謂之一實此事之所以稽實定數也所論與尹文子皆名家之粹義可見古代此學發達不減西域因明也）然尹文子雖規定名家範圍而專標此學以號於天下者則又始於公孫龍公孫龍六國時辯士也疾名實之殽亂於是假物取譬以守白辯而名家一派遂

大行於戰代是故其爲術也有二一曰論白馬一曰論堅白白馬之說曰馬者所以命形也白者所以命色也命色者非命形也故曰白馬非馬堅白之說曰物白焉不定其所白物堅焉不定其所堅不定者兼惡乎其石也又曰於石一也堅白二也而在於石故有知焉有不知焉有見焉有不見焉故知與不知相與離見與不見相與藏蓋白馬堅白二者皆因名以控實者名必有形察形莫如別色名必有分明分莫如有無是有不是可有不可是名兩可同而有異異而有同是謂辯同異至同無不同至異無不異是謂辯同辯異同異生是非是非生吉凶取辯於一物而原極天下之汙隆莊生所謂能飾人之心能易人之

意能勝人之口者其是之謂歟自龍之後惠施毛公皆聞其風而悅之惠施著書一篇莊子謂其以堅白鳴莊子天下篇說惠施之術曰大同而與小同異此之謂小同異萬物畢同畢異此之謂大同異卵有毛雞三足郢有天下犬可以爲羊馬有卵丁子有尾火不熱山出口輪不蹍地目不見指不至至不絕龜長於蛇矩不方規不可以爲圓鑿不圍枘飛鳥之景未嘗動也鏃矢之疾而有不行不止之時狗非犬黃馬驪牛三白狗黑孤駒未嘗有母一尺之棰日取其半萬世不竭惠施日以其知與人之辯特與天下之辯者爲怪此其柢也案莊子所引數端皆名家之舉例施書不傳故附著之毛公著書九篇劉向謂其論堅白同異以爲可以治天下大抵皆祖龍之學說者也荀卿有言實不喻然後命命不喻然後期期不喻然後說說不喻然後辨辨能通期命辨說之用者可以讀鄧析尹文公孫龍三家之書矣昔太史公論六家要旨曰名家苛察繳繞使人不得反

其意專決於名而失人情故曰使人儉而善失眞若夫控名責實參伍不失此不可不察也然則守法之吏誦數之儒欲整齊小家珍說以上輔人君禮教之不逮考於太史公言尚其取斯學而繹之哉名家之學其用甚廣呂氏春秋曰名正則治名喪則亂使名喪者淫說也說淫則可不可而然不然是不是而非不非故近世考據家巧說衺辭無裨世教正坐不通此學耳

史徵卷第二終

史微卷第三　　多伽羅香館叢書第一種

內篇　　錢塘張采田孟劬譔

原從横

班固之敍從横家也曰蓋出於行人之官後世論者往往以戰國一代儇使馳說修短雲蒸鄙之爲詐諼詭譎之術而豈知其學亦有所原乎（荀悅漢紀曰遊說之本生於使乎四方不辱君命出境有可以安社稷利國家則專對解結辭之繹矣民之慕矣以正行之者謂之辯智其失之甚者主於爲詐紿徒衆矣所言與漢志相符悅雖深惡縱横末流之蔽而未嘗不詳其淵源之所自此漢學所爲近古也後儒則異是已）考周禮大行人掌大賓之禮及大客之儀以親諸侯若有四方之大事則受其幣聽其辭小行人掌邦國賓客之禮籍以待四方之使者合六幣以和諸侯之

好故春秋二百四十年之閒名公鉅卿皆嫺詞令交聘賦詩折衷於樽俎之閒此員與鄰國交之要務也自天子失官六國交爭行人辭命之學流爲專家當此之時雖有道德不得施謀孟子孫卿儒術之士棄捐於世而遊說權謀之徒見貴於俗於是蘇秦張儀由此生焉淮南要略曰晚世之時六國諸侯谿異谷別水絕山隔各自治其境內守其分地握其權柄擅其政令下無方伯上無天子力征爭權勝者爲右恃連與國約重政剖信符結遠援以守其國家持其社稷故縱橫修短生焉觀此知學術成立皆由世需縱橫原於行人而獨流衍於戰國蓋時爲之也以戰代時事而論秦最勢便形利智謀之士咸先馳之故連橫諸侯以西向事秦者儀也初欲橫秦弗用遂合從以背之者秦也秦之言曰安民之本在於擇交擇交而得則民安擇交而不得則民終身不安

又曰臣竊以天下之地圖案之諸侯之地五倍於秦料度諸侯之卒十倍於秦六國爲一并力西鄉而攻秦秦必破矣今西面而事之見臣於秦夫破人之與破於人也臣人之與臣於人也豈可同日而論哉儀之言曰從者聚羣弱而攻至强不料敵而輕戰國貧而數舉兵危亡之術也臣聞之兵不如者勿與挑戰粟不如者勿與持久夫從人飾辯虛辭高主之節言其利不言其害卒有秦禍無及爲已漢志從横家著錄蘇子三十一篇張子十篇書已佚無可徵今據國策是則二人雖互傾危而其意要皆以禁攻息兵爲務矣劉晝新論從横者闔子龐煖蘇秦張儀之類也其術本於行仁繹二國之情弭戰爭之患受命不受辭因事而制權安危扶傾轉禍就福此言可以定儀秦也故太史公於列傳嘗著其功矣曰秦兵不敢闚函谷關

十五年又曰蘇秦起閭閻連六國從親此其智有過人者劉向亦曰戰國之時君德淺薄爲之謀筴者不得不因勢而爲資扶急持傾爲一切之權雖不可以臨國敎化兵革救急之勢也由是觀之景春所謂一怒而諸侯懼安居而天下息者豈不然哉若二人者信乎從橫家之桀也楊子法言曰儀秦學乎鬼谷術習乎從橫言安中國者各十餘年論衡曰蘇秦約六國爲從强秦不敢窺兵於關外張儀爲橫六國不敢同攻於關內功著效明載紀竹帛雖賢何以加之雖然二人之學實本於鬼谷先生樂壹注鬼谷子謂蘇秦欲神祕其術故假名鬼谷然史記明言蘇秦張儀俱學於鬼谷先生則鬼谷子一書非秦所依託也鬼谷先生六國時有道士也著書十三章其術曰捭闔曰反應曰內揵曰抵巇曰飛箝曰忤合曰揣摩曰權謀曰決而以符言陰符二篇推本於君人南面

之道捭闔之術曰捭之者開也言也陽也闔之者閉也默也陰也捭之者料其情也闔之者結其誠也捭者或捭而出之或捭而納之闔者或闔而取之或闔而去之此天地陰陽之道而說人之法也反應之術曰因其言聽其辭言有不合者反而求之其應必出己反往彼覆來言有象比因而定基重之襲之反之覆之萬事不失其辭此聽眞僞知同異得其情詐也內揵之術曰內者進說辭揵者揵所謀也可出可入可揵可開故聖人立事以此先知而揵萬物抵巇之術曰巇者罅也巇始有朕可抵而塞可抵而卻可抵而息可抵而匿可抵而得此謂抵巇之理也飛箝之術曰鉤箝之語其說辭也或量能立勢以鉤之或伺

侯見巇而箝之必度權度能見天時之盛衰制地形之廣狹岨嶮之難易人民貨財之多少諸侯之交孰親孰疏孰愛孰憎知其所好惡乃就說其所重以飛箝之辭鉤其所好以箝求之此飛箝之綴也忤合之術曰計謀不兩忠必有反忤反於是忤於彼忤於此反於彼其術也用之天下必量天下而與之用之國必量國而與之用之家必量家而與之用之身必量身材能氣勢而與之大小進退其用一也揣之術曰揣情者必以其甚喜之時往而極其欲也其有欲也不能隱其情必以其甚懼之時往而極其惡也其有惡也不能隱其情情變於內者形見於外故常必以其見者而知其隱者此所謂測深揣情也摩之術曰

摩之符也內符者揣之主也用之有道其道必隱微摩之以其所欲測而探之內符必應其應也必有爲之故微而去之此言內符之應外摩也權之術曰策選進謀者權也與智者言依於博與拙者言依於辨與辨者言依於要與貴者言依於勢與富者言依於高與貧者言依於利與賤者言依於謙與勇者言依於敢與過者言依於銳此其術也謀之術曰因其疑以變之因其見以然之因其說以要之因其勢以成之因其惡以權之因其患以斥之摩而恐之高而動之微而正之符而應之擁而塞之亂而惑之是謂計謀決之術曰爲人凡決物必託於疑者度以往事驗之來事參之平素可則決之公王大人之事也危而

美名者可則決之不用費力而易成者可則決之用力犯勤苦然而不得已而爲之者可則決之去患者可則決之從福者可則決之其爲說也精微繁密如此嗚呼從横家學備於此矣彥和有言鬼谷眇眇每環奧義此所以能於諸子中獨成一家也哉問者曰子謂從横之學出於鬼谷是矣然余觀戰國一代若蘇代蘇厲陳軫甘茂范睢蔡澤樗里子公孫衍等其行事大抵以從横著名史稱三晉多權變之士豈亦聞鬼谷子之遺教歟答之曰戰國者從横之世也豈特陳軫甘茂諸人爲從横專家哉卽儒墨名法其出而問世無不兼從横之學也章實齋言九流之學承官曲於六典及其出而用世必兼從横所以文其質

也古之文質合於一至戰國而各具之質當其用也必兼從橫之辭以文之周衰文弊之效也故孟子歷聘齊梁荀卿三爲祭酒墨子腁胝以救宋韓非說難以存韓公孫龍說平原以止邯鄲之封尉繚子說秦王以亂諸侯之謀商君爭變法李斯諫逐客其與結駟連騎抵掌揣摩者何以異耶亦可見從橫一術戰代諸子人人習之無足怪者後世迂儒既不知從橫出於行人之官又以蘇秦張儀爲深恥而後古人專對之材始爲世所詬病矣

原儒

漢武帝抑黜百家表章六藝史統既定於孔子而學者人人喜

言儒家矣然則儒家之源流放於此乎曰否否儒家者流蓋出於司徒之官也春秋之時孔子傳焉孔子契後也昔者契爲司徒帝曰百姓不親五品不遜汝作司徒敬敷五教在寬太史克對魯文公曰使布五教於四方父義母慈兄友弟共子孝內平外成是五常爲儒家專業儒家爲孔氏世傳從來舊矣說文儒術士也班固儒林傳序秦始皇兼天下燔詩書殺術士後人或謂之坑儒不知術猶道也古人所創立之學皆因人性所固有者而導之烏反哺鷙鳥有別是豈有待於外哉故道家謂之道術墨家謂之墨術方伎之士則謂之方術術士通稱爲儒自儒家專屬司徒舊學道墨名法始各以其質目之而儒名隘矣學術沿革始於合常卒於分蓋向歆辯章舊聞已然也故軼世正名悉從後義雖然儒家者助人君順陰陽明教化之術也孔子之道君人南面之術也儒家雖傳於孔子而不足以盡孔子蓋孔子自端

門受命已由司徒世官上躋史氏之統而以儒家嗣緒傳諸弟子矣故人知孔子爲儒家而不知孔子實兼道家也知孔子兼道家而不知孔子弟子皆儒家也何言乎孔子弟子皆儒家也論語二十篇孔子傳授弟子之實書也而其告子夏曰汝爲君子儒無爲小人儒論語讖亦曰孔子爲素王顏淵爲司徒豈非孔子已承道家而以儒家寄之弟子之明證乎故儒家莫不言學論語則以好學美顏回儒家莫不言政論語則以從政告康子儒家莫不先孝悌論語則曰入則孝出則悌儒家莫不重禮義論語則曰信近義恭近禮論爲政則以德爲首而取譬於北辰論行簡則以敬爲宗而推本於南面皇侃有言上以尊仰聖

師下則垂軌萬代者吾於論語一書見之矣是以當時受業身通者七十有七人無不游文於六經之中留意於仁義之際祖述堯舜憲章文武宗師仲尼以重其言韓非顯學篇曰自孔子之死也有子張之儒有子思之儒有顏氏之儒有孟氏之儒（案指孟軻）有漆雕氏之儒有仲良氏之儒有孫氏之儒（案指荀卿）有樂正氏之儒儒分爲八取舍相反羣輔錄曰夫子沒後散於天下設於中國成百氏之源爲綱紀之儒居環堵之室蓽門圭竇甕牖繩樞併日而食以道自居者有道之儒子思氏之所行也衣冠中動作順大讓如慢小讓如僞者子張氏之所行也顏氏傳詩爲道爲諷諫之儒孟氏傳書爲道爲疏通致遠之儒漆雕氏傳禮

爲道爲恭儉莊敬之儒仲梁氏傳樂爲道以和陰陽爲移風易俗之儒樂正氏傳春秋爲道爲屬詞比事之儒公孫氏傳易爲道爲潔淨精微之儒今諸家宗旨雖不盡傳然觀小戴儒行之所紀荀卿儒效之所言一時傳派之盛蓋可想見也荀卿非十二子篇曰弟佗其冠神禫其辭禹行而舜趨是子張氏之賤儒也正其衣冠齊其顏色嗛然而終日不言是子夏氏之賤儒也偷儒憚事無廉恥而耆飲食必曰君子固不用力是子游氏之賤儒也蓋指諸家末流之弊而言揚雄所謂同門而異戶者非其宗旨本然故不載至於遺書盛行於世者則實以孟軻荀卿爲之魁太史公儒林傳曰天下並爭於戰國儒術既絀焉然齊魯之門學者獨不廢也於威宣之際孟子荀卿之列咸遵夫子之業而潤色之以學顯於當世是荀孟二子實孔子後兩大宗派也中庸贊孔子曰天命之謂性率性之謂道修道之謂教此三言者合儒家道家內聖外王之術一以貫

之非孔子不足當之也孔子志於道據於德依於仁游於埶至七十始從心所欲不踰矩焉而其訓弟子也則不然博我以文約我以禮雅言者詩書執禮罕言者利命與仁論道則禁以怪力亂神立教則束之文行忠信性與天道蓋有不可得聞者矣

孟子之學出於子思太史公謂孟子受業子思之門人荀卿非十二子亦曰子思唱之孟軻和之案書中言誠者天道思誠者人之道等語皆中庸緒論也可以見其源流之所自矣　荀子之學出於子弓荀子往往言仲尼子弓或謂即仲弓也　孟子之學主仁義主仁義故道性善而稱先王所謂祖述堯舜也荀子之學宗禮宗禮故論性惡而法後王後王蒙前王言指周文武也所謂禹湯有傳政不若周之察已明示其歸矣史記六國年表序秦取天下多暴然世異變成功大傳曰法後王何也以其近已而俗變相類議卑而易行也則後王謂近代之王史公斷章取義義雖互通恐非荀旨　所

謂憲章文武也而於性與天道之大原則皆未達一間也何以言之孔子之論命曰不知命無以爲君子其論道也曰道與於仁立於禮理於義定於信成於智五者道德之分天人之際也非兼儒道兩家之統安能爲此言乎而孟子則曰仁之於父子也義之於君臣也禮之於賓主也智之於賢者也聖人之於天道也命也有性焉君子不謂命也荀子則曰道者非天之道非地之道人之所道也相人偶爲仁孟子引孔子語曰道二仁與不仁皆與荀卿義同是與孔子之旨有淺深矣孔子之論性也曰性相近習相遠惟上智與下愚不移以智愚定性而不以善惡定性非兼儒道兩家之統又安能爲此言乎道家論性不槪見然老子曰天下皆知美之爲美斯惡矣皆知善之爲善斯不善矣則以善惡

定性者皆道家所不許也莊子有繕性篇亦可旁證而孟子則曰性無有不善荀子則曰人之性惡其善者僞也文中子曰心迹之判久矣人藏其心不可測度其見於行爲者皆迹也迹不一術故曰僞貭言之則曰情僞此荀子之義性者天所就也不可學不可事禮義者聖人之所生也人之所學而能所事而成也是與孔子之義有偏全矣孟荀而外言性者有世碩漢儒有董仲舒揚雄皆合善惡言之惟告子獨異不知性自性善惡自善惡合善惡則性混離善惡而性又不可見善惡定義諸家各有根據故欲辨性尤須先辨善惡也說具外篇其有淺深有偏全者非二子之智劣於聖人蓋儒家之宗旨則然耳趙岐孟子序曰孔子自衞反魯然後樂正雅頌各得其所乃删詩定書繫周易作春秋七十子之疇會夫子所言以爲論語論語者五經之錧鎋六藝之喉衿孟子之書則而象之旨意合同若此者眾此大賢擬聖而作者也楊倞荀子序曰周公制作之仲尼祖述之荀孟贊成之所以膠固王道至深至備雖春秋之四夷交侵戰國之三綱弛絕斯道竟不墜矣蓋儒術興於周公而論語又儒家所從

出荀孟爲儒二君之言可謂探原也雖然荀子得聖人之一體而孟子則具體而
微者也欲通孟子必自荀子始荀子曰將原先王本仁義則禮
正其經緯蹊逕也不道禮憲以詩書爲之譬之猶以指測河也
不可以得之矣欲窺孔子必自孟子始孟子曰盡其心者知其
性也知其性則知天矣學者而無意於性與天道之聞則已學
者而有意於性與天道之聞若二子者豈非由儒入聖之階梯
哉昔趙岐述孟子著書之意曰周衰之末戰國縱橫先王大道
陵遲隳廢異端並起若楊朱墨翟放蕩之言以干時惑衆者非
一孟子閔悼堯舜湯文周孔之業將遂湮微正塗壅底仁義荒
怠於是退而論集所與高第弟子公孫丑萬章之徒難疑答問

又自撰其法度之言著書七篇二百六十一章三萬四千六百八十五字包羅天地揆敘萬類仁義道德性命禍福粲然靡所不載太史公述荀子著書之意曰荀卿嫉濁世之政亡國亂君相屬不遂大道而營於巫祝信禨祥鄙儒小拘如莊周等又滑稽亂俗於是推儒墨道德之行事興壞序列著數萬言由是而觀天不生孔子不知三王五帝之道大天不生荀孟亦不知孔子之道尊使中國言六藝者折衷於孔子使中國言孔子者折衷於荀孟二子之功烈何其偉歟自昌黎之評二子也有大醇小疵之第世儒嚣然傳之於是荀子絀而孟子孤行矣甚至祖曰休立學之議升孟軻以配經揚雄法言或曰子小諸子孟子非諸子乎曰諸子者以其知異

於孔子者也孟子異乎不異是雄雖尊孟未嘗謂其非諸子也考隋唐二志孟子尚著錄於儒家論孟並列爲經設科取士蓋自宋始而皮日休請爲孟子學科書實先發之援子瞻著論之文罪荀卿以非聖韓非稱商鞅燒詩書而明法令則不始於始皇李斯阿主背師自遵用秦法耳東坡論出後人乃以爲口實我夫子以司徒家學傳諸弟子之本意果若是軒輊乎劉向嘗言惟孟軻荀卿能尊仲尼楊倞亦言孟軻闡其前荀卿振其後彼循一隅之指而好惡任情者異說紛紛固可以息其喙也

原兵

隋經籍志敘諸子也曰儒道小說聖人之教兵及醫方聖人之政何則兵也者先王司馬之職王官之武備也古人設一官必有一官之政相與世講肄之未有不學無術者況兵凶戰危國

家之司命而可漫然嘗試哉班固有言聖人因天秩而制五禮因天討而作五刑自黃帝有涿鹿之戰以定火災顓頊有共工之陳以定水害唐虞之際至治之極猶流共工放驩兜竄三苗殛鯀然後天下服夏有甘扈之誓殷周以兵定天下矣天下既定戢藏干戈教以文德而猶立司馬之官設六軍之衆戎馬車徒干戈素具春振旅以搜夏拔舍以苗秋治兵以獮冬大閱以狩皆於農隙以講事焉此先王爲國立武足兵之大略也由是以觀則兵家者流蓋與百家同起於黃帝矣故史記本紀曰軒轅乃習用干戈漢志兵家有黃帝十六篇圖三卷是也從世黃帝之書失傳所行於人間者僅風后握奇經耳然握奇經爲占

侯之學非兵家正宗兵家正宗則以司馬法爲最古焉據司馬穰苴傳曰齊威王使大夫追論古者司馬兵法而附穰苴於其中因號曰司馬穰苴兵法而班固亦嘗取其百五十五篇以補軍禮今存者五篇未知古者司馬兵法歟抑穰苴所附之兵法也然余觀其書有曰古者以仁爲本以義治之之謂正正不獲意則權權出於戰是故殺人安人殺之可也攻其國愛其民攻之可也以戰止戰雖戰可也又曰戰道不違時不歷民病所以愛吾民也不加喪不因凶所以愛乎其民也冬夏不興師所以兼愛民也故國雖大好戰必亡天下雖安忘戰必危又曰凡戰衆寡以觀其變進退以觀其固危而觀其懼靜而觀其怠動而

觀其疑襲而觀其治皆深合權謀而又藹然仁義之言眞可爲兵家鼻祖矣宜太史公曰余讀司馬兵法閎廓深遠雖三代征伐未能竟其義也若夫司馬法之外則有孫子十三篇古人著書篇皆單行孫武兵書漢志著錄八十二篇而闔閭曰子之十三篇吾盡觀之韓非子漢志著錄五十五篇而秦王讀說難孤憤曰恨不同時董仲舒書漢志著錄百二十三篇而本傳曰說春秋事得失聞舉玉杯蕃露清明竹林之屬復數十篇是皆當日裁篇別出之證孫子十三篇蓋卽闔閭所觀之本杜牧疑爲魏武刪削者誤矣曰始計曰作戰曰謀攻曰軍形曰兵勢曰虛實曰軍爭曰九變曰行軍曰地形曰九地曰火攻曰用閒贊卽其言類之其曰經之以五事校之以計而索其情一曰道二曰天三曰地四曰將五曰法道者令民與上同意可與之死可與之生而不畏危也天者陰陽寒暑時制也地

者遠近險易廣狹死生也將者智信仁勇嚴也法者曲制官道主用也凡此五者將莫不聞知之者勝不知者不勝則兵家謀將之術也其曰兵者詭道也故能而示之不能用而示之不用近而示之遠遠而示之近利而誘之亂而取之實而備之强而避之怒而撓之卑而驕之佚而勞之親而離之攻其無備出其不意則兵家誘敵之術也其曰知勝有五知可以與戰不可以與戰者勝識衆寡之用者勝上下同欲者勝以虞待不虞者勝將能而君不御者勝則兵家料勝之術也其曰攻而必取者攻其所不守也守而必固者守其所不攻也故善攻者敵不知其所守善守者敵不知其所攻則兵家攻守之術也其曰凡先處

戰地而待敵者佚後處戰地而趨戰者勞則兵家趨利之術也其曰衆樹動者來也衆草多障者疑也鳥起者伏也獸駭者覆也則兵家覘敵動靜之術也其曰地形有通者有掛者有支者有隘者有險者有遠者又曰用兵之法有散地有輕地有爭地有交地有衢地有重地有圮地有圍地有死地則兵家形勢之術也其曰用閒有五有因閒有內閒有反閒有死閒有生閒則兵家陰謀之術也其曰軍無輜重則亡無糧食則亡無委積則亡不知諸侯之謀者不能豫交不知山林險阻沮澤之形者不能行軍不用鄉導不能得地利則兵家有備無患之術也而尤以太上伐謀者總其成焉伐謀者何所謂不戰而屈人之兵者

也武之全書宗旨如此其後踵武而以著書聞於世者則又有尉繚吳起繚之言曰天時不如地利地利不如人和聖人所貴人事而已故其書於天官兵談十二篇之後立九令一曰重刑二曰伍制三曰分塞四曰束伍五曰經卒六曰勤卒七曰將八曰踵軍而以兵教兵令終焉起之言曰凡制國治軍必教之以禮勵之以義使有恥也夫人有恥在大足以戰在小足以守矣故其書分爲六篇一曰圖國二曰料敵三曰治兵四曰論將五曰應變而以勵士終焉博矣哉自古論兵之奧義無餘蘊矣語曰天生五材民並用之廢一不可誰能去兵鞭扑不可弛於家刑罰不可廢於國征伐不可偃於天下用之有本末行之有逆

順耳彼兵家者雖權詐相詭要其歸莫不以保邦救民爲宗旨今中國四夷交侵矣元首而無志於圖强則已元首而有志於圖强兵家者流益不可不講也抑余更有言者兵書之傳漢爲最盛昔張良韓信嘗序次兵法百八十二家删取要用爲三十五家矣楊僕亦嘗紀奏兵録矣至孝成時又命任宏論次兵書爲四種四種者一曰兵權謀一曰兵形勢一曰陰陽一曰技巧故班固敘蓺文志也於權謀則曰權謀者以正守國以奇用兵先計而後戰兼形勢包陰陽用技巧者也於形勢則曰形勢者雷動風舉後發而先至離合背鄉變化無常以輕疾制敵者也於陰陽則曰陰陽者順時而發推刑德隨斗擊因五勝假鬼神

而爲助者也於技巧則曰技巧者習手足便器械積機關以立
攻守之勝者也是可以見兵家流派之不同矣試卽今所存者
徵之孫武吳起總論兵要眞兵學權謀之家也司馬法亦在權謀家班固省入
軍禮尉繚詳於禁舍開塞眞兵學形勢之家也風后握奇經專言
風角占驗眞兵學陰陽之家也雖六韜本屬儒家藝文志儒家著錄周史六
弢六篇不言從兵家省入班固自注惠襄之閒或曰顯王時或
曰孔子問焉顏師古以爲今之六韜言取天下及軍旅之事然
觀志注似與今世六韜出於太公者不同今書人多疑爲僞造
余案後漢書云徐淑善誦太公六韜則其傳亦古矣漢志道家
有太公謀八十一篇言七十一篇兵八十五
篇或六韜亦在其中而世所行者非其全耶三略亦多僞錄朱禮
漢唐事箋引七書太宗與李靖論兵太宗曰漢張良韓信十五
家今失其傳何也靖曰張良所學太公六韜三略是也韓信所
學穰苴孫武是也是三略唐初尚存
然不見於漢志今書則後人依託耳然苟有善讀者出取諸書

神明而變化之吾知行師制勝而有餘矣又豈不可應敵致果哉所惜者技巧十三家孫子圖九卷風后圖二卷今無傳耳嗟乎自世之陋儒昌言仁義鄙兵謀爲詭道於是蹈虛者轉相流播徵實者日見衰亡此昔人所以致慨於圖譜二學也然則兵書之屢而獲存使人尚可考見王官武備之盛者不可謂非天幸已

余論定諸子詳矣據漢志尚有陰陽家小說家農家數術家方伎家五種陰陽農家今已無傳小說家僅有燕丹子一卷數術家僅有山海經十三篇在形法類班氏曰形法者大舉九州之勢以立城郭室舍形人及六畜骨法之度數器物之形容以求其聲氣貴賤吉凶者也不足以徵一家之宗旨方伎

家存書雖夥然專門之學非深通其術者未易定其得失也此書意在辯章源流借漢志列有儒家言十八篇道家言二篇雜陰陽三十八篇法家言二篇雜家言一篇故籍失傳無從參考至諸子遺書若騶衍作怪迂之變終始大聖之篇十餘萬言環淵著上下篇虞卿著書曰節義稱號揣摩政謀凡八篇以及田駢接子世碩李克董無心老成子公子牟公檮生處子黃公田俅我子闕子之屬揣逸摭殘當備載於古子鈎沈書中閲者幸勿以挂漏病之

惟楊朱一派當時旣無傳書漢志亦失考其流别而實爲戰代一大宗余別有闡楊一篇論之今節載於此曰楊朱之學蓋原於老聃關尹而自成一家者也當時獨與其徒孟孫陽心都子輩口説流傳未嘗著書以垂世故微言大義至今日不少概見焉其旁見於他書者惟孟子列子中略存其梗概耳然吾卽孟子列子所載以考之而歎朱

之學持之有故言之成理眞六國時一大傳派也蓋朱之學善探天命之自然以爲我爲主義以放逸爲宗趣而要歸本於老氏之言此其所長也爲我非長生不死之謂也謂盡乎天而不鑿以人也放逸非縱情恣意之謂也謂足乎己而無待乎外也一人爲我必使人人皆爲我人人皆爲我則無盜賊爭奪之患而天下一視同仁矣一人放逸必使人人皆於逸人人皆放逸則無名譽矯揉之禍而天下反璞爲朴矣此楊朱學術之大旨也觀其對孟孫陽曰既生則廢而任之究其所欲以俟於死將死則廢而任之究其所之以放於盡又曰生民之不得休息爲四事故一爲壽二爲名三爲位四爲

貨有此四者畏鬼畏人畏威畏刑此之謂遁人也可殺可活制命在外不逆命何羨壽不矜貴何羨名不要勢何羨位不貪富何羨貨此之謂順民也天下無對制命在內又曰古之人損一毫利天下不與也悉天下奉一身不取也人人不損一毫人人不利天下天下治矣由是言之楊朱之順生死也蓋主於愛一身其不逆命不矜貴不要勢不貪富也蓋主於不利天下其愛一身而不利天下也蓋主於治天下彼方以爲我放逸教天下爲人君者治天下之術而謂之無君豈不過哉大抵古今學術其能自成一家也必有一家之宗旨不能得其宗旨而惟據一端之言以攻之則一端之言不可勝

詰也是豈獨楊朱爲然九家者流皆如是耳余旣悲朱之無傳書又幸孟子列子所載朱之遺說較爲詳備爰不揣檮昧理而董之而先揭其宗旨之大者著於篇以告學者其亦抒懷舊之蓄念而發思古之幽情也歟庚戌立夏孟劬附記

予餘

世之治也史統定於一尊而百官各陳其能焉自天子失官諸子蠭起始盛於戰國然考其要歸無不思以所學上代史統也漢武帝從董仲舒之言抑黜百家挐史統以歸孔氏自此以降六蓺興而諸子微已雖孝成時向歆司籍敘次九流而師說旣亡隱詞奧義葢有不能盡通者也先王官守之失傳其在斯時

乎然兩漢子學雖衰而源流猶未沫也故嘗曰儒者類本六藝微言推原於治術自成一家而劉安王充之流亦能兼儒墨合名法穿穴百家以沛其文是亦諸子爝火之延矣（漢儒著書見於藝文志者儒家有劉敬賈山太常蓼侯孔臧兒寬公孫宏終軍吾邱壽王虞邱莊助臣彭鉤盾冗從李步昌道家有捷子曹羽郎中嬰齊陰陽家有衛侯官于長公孫渾邪法家有鼂錯從橫家有蒯子鄒陽主父偃徐樂莊安待詔金馬聊蒼雜家有博士臣賢臣說農家有氾勝之蔡癸小說家有待詔臣饒臣安成臣壽虞初雖家派定於向歆而傳書皆亡後有論者以此概焉）余嘗即其書徵之若董仲舒若賈誼若桓寬若劉向若揚雄若王符若荀悅若徐幹則儒家者流也若淮南若王充則雜家者流也董仲舒著書百二十三篇今存八十二篇本傳稱所著皆明經術之意又曰說春秋事得失聞舉玉杯蕃露清明竹林之屬數

十篇十餘萬言王充亦謂董仲舒著書不稱子者意殆自謂過諸子也此眞能知仲舒者矣故其書專以春秋爲據依明乎陰陽五行而上本於王道語曰通天地人曰儒漢志曰儒者助人君順陰陽明教化其是之論歟賈誼著書五十八篇數寍至輔佐三十三篇皆陳政事春秋至君道皆國中失之事官人至大政皆通論修政容經以下則古禮逸篇三代遺緒託以傳焉眞儒者經世之業矣劉向稱誼通達國體雖伊管不能遠過劉歆稱漢朝之儒賈生而已豈虛語哉桓寬著書六十篇載賢良文學與桑宏羊論鹽鐵之事班固漢書贊說鹽鐵始末曰所謂鹽鐵議者起始元中徵文學賢良問以治亂皆對願罷郡國鹽鐵酒榷均輸務本抑末毋與天下爭利然後教化可興御史大夫弘羊以爲此乃所以安邊竟制四夷

國家大業不可廢也當時相詰難頗有其議文至宣帝時汝南桓寬次公治公羊春秋博通善屬文推衍鹽鐵之議增廣條目極其論難著數萬言亦欲以究治亂成一家之法焉其言曰治人之道坊淫泆之原廣道德之端抑末利而開仁義毋示以利然後教化可興而風俗可移也語曰亦有仁義而已何必曰利吾於此書見之矣聖人不言利而言德德之訓爲得得即利也所利爲德獨利爲利孟子雖云何必曰利利而曰未有仁而遺其親未有義而後其君則儒家非惡利特惡放利多怨者耳太史公傳貨殖以子貢列計然後而白圭治生之術比於伊尹呂尚之謀孫吳用兵商鞅行法語曰衣食足而知榮辱倉廩實而知禮節先富後教六經誠訓匪一故說文利從和省和然後利也後世以利爲厲禁益誤附辨於此

劉向著書六十七篇今惟說苑新序列女傳行於世本傳言向睹俗彌奢淫而趙衞之屬起微賤踰禮制向以爲王教由內及外自近者始故採取詩書所載賢妃貞婦興國顯家可法則及

孽嬖亂亡者序次爲列女傳凡八篇以戒天子及衆傳記行事著新序說苑凡五十篇奏之是向之三書皆爲帝王言得失陳法戒也劉向說苑序言所校中書說苑雜事及臣向書民閒書誣校讎其事類衆多章句相溷或上下謬亂難分別次序除去與新序復重者其餘者淺薄不中義理別集以爲百家後令以類相從一一條別篇目更以造新事十萬言以上凡二十篇七百八十四章號曰新苑是新序說苑類聚百家雜事乃向所序非自著也然古人遺編經後賢刪定既創義例則述古亦可謂之作矣新苑蓋說苑之譌嵩以本傳爲據語曰多識前言往行以蓄其德若向者豈非儒家直諒多聞者哉揚雄著書三十八篇存者僅法言太玄二書耳本傳述法言緣起曰雄見諸子各以其知舛馳大抵詆訾聖人卽爲怪迂析辯詭辭以撓世事雖小辯終破大道而或衆使溺於所聞而不自知其非也及太史公記六國歷楚

漢汔麟止不與聖人同是非頗謬於經故人時有問雄者常用法應之譔以爲十三卷象論語號曰法言法言一書剽剝九流如謂諸子之小禮樂老子槌提仁義絕滅禮學莊楊蕩而不法墨晏儉而廢禮申韓險而無化鄒衍迂而不信等語皆儒家緒論與孟軻荀卿相表裏曰象論語者論語儒所從出也　桓譚亦稱其文義至深而論不詭於聖人由是觀之雄書可謂度越諸子矣張衡傳曰常好元經謂崔瑗曰吾觀太元方知子雲妙極道數乃與五經相擬非徒傳記之屬使人難論陰陽之事漢家得天下二百歲之書也復二百歲殆將終乎所以作者之數必顯一世常然之符也漢四百歲元其興矣此論太元準易之旨甚明太元今既不論聊附及之王符著書三十六篇本傳言符志意蘊憤乃隱居著書三十餘篇以譏當時失得不欲章顯其名故號曰潛夫論其指訐時短討讁物情足以觀見當時風政今讀其書始於讃學終於德化而以五德氏姓二

志綴其後爲眞儒家宗旨也荀悅著書五篇言致政之術先屏四患乃崇五政而推本於仁義本傳稱時政移曹氏天子恭已而已悅志在獻替而謀無所用乃作申鑒五篇其所論辨通見政體語曰儒者法先王隆禮義謹乎臣子而致貴其上者也其荀悅之謂乎徐幹著書二十篇述治學者六藝推仲尼之旨而大之魏文帝與吳質書曰偉長獨懷文抱質恬淡寡欲有箕山之志著中論二十餘篇辭義典雅足傳於後可謂彬彬君子矣此八書者皆儒家之支與流裔也陸賈傳賈時時前說稱詩書高帝罵之賈曰湯武逆取而以順守之文武並用長久之術也鄉使秦行仁義法先聖陛下安得而有之高帝不懌曰試爲我著秦所以失天下吾所以得之者及古成敗之國賈凡著十二篇稱其書曰新語今尚行於世亦漢時儒家書之僅存者也若夫雜家者流

則又有劉安與王充之書焉問者曰鴻烈之爲雜家已聞命矣充之書何以列於雜家乎答曰子獨不讀隋志乎隋志於雜家著錄充書二十九卷今觀其以論衡名書眞雜家之出於議官也且雜家多以道家爲折衷充於陰陽拘忌流俗荒誕載籍虛謬皆無所惑而篤信自然此尤可見其宗旨矣劉知幾史通曰儒者之書博而寡要得其糟粕失其菁華而流俗鄙夫貴遠賤近傳茲牴牾自相欺惑故王充論衡生焉蓋仲任著書意在揭摘古今甄微砭謬兩漢雜家之緒餘此其一綖也後人徒以問孔刺孟鄙之爲談助是豈能知九流之學哉閒嘗論之兩漢一代儒術最盛故著書者往往遊文六經之中留意仁義之際尊師仲尼以重其言即解經諸家若伏生韓嬰戴聖輩亦無不博學詳說而不爲音訓詞章所

囿此學術之所以可貴也末世箋注繁興學者於是多務於物名詳於器械考於詁訓摘其章句而不能統其大義之所極以獲先王之心無論子學而經亦荒矣王仲任有言能說一經者爲儒生博覽古今者爲通人采掇傳書以上書奏記者爲文人能精思著文連結篇章者爲鴻儒儒生過俗人通人勝儒生文人踰通人鴻儒超文人故夫鴻儒所謂超而又超者也余觀賈董諸賢雖其立言不無純疵而無愧於鴻儒之選豈有異乎蓋六藝者先王經世之跡也諸子者先王經世之意也古無所謂政也經而已矣古無所謂經也子而已矣自經與子分科爲儒者榮於治經而賤於攻子遂使經學流爲訓詁而子學降爲詞

章嗟乎兩漢六朝之間眞學統一大消長也余故採漢儒著書掇其存者總於百家之後論之學者亦可以觀世變已

附諸子文說

六蓺諸子皆先王經世之學而聖賢之微言大義在焉不可以文辭論也雖然千古至文孰有盛於六蓺諸子者哉夫文者貫道之器也道之至者文不求工而自工蕭統之序文選曰姬公之籍孔父之書與日月俱懸鬼神爭奧孝敬之准式人倫之師友豈可重以芟夷加之翦截老莊之作管孟之流蓋以立意爲宗不以能文爲本今之所撰又以略諸統之意蓋謂古人闡明學術文辭非其所急耳非無文辭也故易曰

物相褋故曰文又曰其指遠其辭文書曰政貴有恆辭尙體要詩曰辭之輯矣民之洽矣孔子曰言之不文行之不遠經傳聖賢之言何嘗以文辭爲玩物喪志之具哉（古之道術運淪教合於政學麗於文離政無以明教離文亦無以顯學世儒畸輕畸重所以苟鉤鈲析亂也宋賢爲之未見及此）自古善論文者莫如劉彥和彥和論六藝之文曰尙書則覽文如詭而尋理卽暢春秋則觀辭立曉而訪義方隱（文心雕龍此處缺論易禮詩三經疑有脫文）論諸子之文曰孟荀所述理懿而辭雅管晏屬篇事覈而言練列御寇之書氣偉而采奇鄒子之說心奢而辭壯墨翟隨巢意顯而語質尸佼尉繚術通而文鈍鶡冠緜緜亟發深言鬼谷眇眇每環奧義情辨以澤文子擅其能辭約而

精尹文得其要慎到析密理之巧韓非著博喻之富呂氏鑒遠而體周淮南汎採而文麗可謂曉文章之流別酌羣言於蠡海者矣開嘗本彥和所論而推之荀卿成相垂誠賢良蘇秦連衡侈陳形勢後世辭賦有如是之巨麗乎不韋著覽備古今之殊方賈誼過秦明攻守之異勢後世論說有如是之賅洽乎韓非儲說廣徵治亂興衰豈非連珠之權輿乎孟軻告王歷舉肥甘輕煖豈非七發之濫觴乎此就文章之原論之不可即認諸子爲文章家也章實齋有言至戰國而文章之變盡至戰國而著述之事專至戰國而後世之文體備誠哉其有所見也雖然戰國諸子之文備矣而戰國諸子之文又無不原於六藝也今

觀六藝之爲文也春秋一字以襃貶喪服舉輕以包重此簡
言以達旨也邠詩聯章以積句儒行縟說以繁辭此博文以
該情也書契斷決以象夬文章昭晰以象離此明理以立體
也四象精義以曲隱五例微辭以婉晦此隱義以藏用也義
既極乎性情辭亦匠於文理固不獨論說辭序則易統其首
詔策章奏則書發其源賦頌謌讚則詩立其本銘誄箴祝則
禮總其端紀傳銘檄則春秋爲根爲足洞性靈之奧區極文
章之骨髓者也是故戰國諸子莫不工文卽莫不與六藝爲
原老聃說本陰陽鄒衍侈譚天地易教之文焉荀卿詳載典
章尹文善推名分禮敎之文焉呂氏以陳古鑒今爲宗旨書

教之文焉韓非以采善貶惡爲指歸春秋教之文焉鬼谷飛箝之術滑于豕輮之談詩教之文焉六藝雖各有所宗而尤以詩教範圍爲最廣不見屈原之離騷乎離騷二十五篇後世所尊爲文章之祖者也而源流卽出於風詩故漢志序於詩賦五種之首而說之曰不歌而誦謂之賦登高能賦可以爲大夫言感物造耑材知深美可與圖事故可以爲列大夫也古者諸侯卿大夫交接鄰國以微言相感當揖讓之時必稱詩以諭其志蓋以別賢不肖而觀盛衰焉故孔子曰不學詩無以言也春秋之後周道寖壞聘問歌詠不行於列國學詩之士逸在布衣而賢人失志之賦作矣大儒孫卿及楚臣

屈原離讒憂國皆作賦以風咸有惻隱古詩之義而淮南王安亦謂國風好色而不淫小雅怨誹而不亂若離騷者可謂兼之由是而言六蓺附庸蔚爲大國不亦宜哉文之緣起大抵本於憂生念亂變風變雅之遺皆賢人君子發憤之所爲作也屈宋所以獨成一子者在此不得以後世無實之華辭目之余故曰千古文章莫盛於諸子與六蓺也論文者苟知溯原於諸子六蓺則可以離文而見道可以離文而見道則可以奉道而折衷後世之文矣文章之用有三一以達道一以達志一以達情道不足志不足情不足而專求工於文文始濟矣唐宋以後達情者多達志者亦間有之惟達道者不一覯焉非文之不工患在道之不足故也隋志曰文者所以明言也言其因物騁辭情靈無擁者也論最精確故竊取斯義附此一篇

問曰九家者流蠭起並作竊其意蓋皆欲與我孔子爭此史統者也而史統卒歸於尼山此誰之功歟曰此漢儒之功也漢之興也承諸子紛爭之後孝文帝好刑名之言竇太后好黃老之術而孝景又不任儒者故其時晁錯明申商蓋公傳黃老蓋漸染戰國餘習而然也自董仲舒對策絀黃老刑名百家之言司馬遷本之以修史記挈史官之舊學折衷夫子至孝成時劉向司籍又敘次諸子以緯之而班孟堅漢書從此出焉自此以降百家騰躍終入環內孔子之史統始別黑白而定一尊矣豈非漢儒尊孔之功哉吾試與子備言之董仲舒者春秋大師也劉歆稱仲舒遭漢承秦滅學之後六經離析下帷發憤潛心大業

令後學者所有統壹爲羣儒首本傳亦稱自武帝初立魏其武安侯爲相而隆儒矣及仲舒對冊推明孔氏抑黜百家立學校之官州郡舉茂材孝廉皆自仲舒發之今觀其策有曰春秋大一統者天地之常經古今之通誼也今師異道人異論百家殊方指意不同是以上亡以持一統法制數變下不知所守臣愚以爲諸不在六蓺之科孔子之術者皆絕其道勿使並進邪辟之說滅息然後統紀可一而法度可明民知所從矣荀悅漢紀曰息華文去浮辭禁僞辨絕淫智放百家之紛亂一聖人之至道則虛誕之術絕而道德有所定矣悅崇儒術亦本仲舒由是觀之孔教之興仲舒可謂功首也其後述仲舒春秋之義以發明孔氏者則莫如司馬遷遷自序司馬氏世典周史是遷爲舊史

苗裔也舊史起黃帝本以道家爲歸趣觀太史談論六家要旨絀儒以崇道其旨可見至遷之述史記也始翩然反之其言曰載籍極博猶考信於六蓺又曰整齊百家襍語厥協六經異傳葢已隱挈九流學術歸附於孔子非復其家傳淵源矣余嘗取其書繹之葢有二大例焉前乎孔子者帝王聖賢事述百家言人人殊則以經傳爲據依閒有未備始采古文補之後乎孔子者諸子王侯各著其學術行業而以孔子之義衡定之所謂考信六蓺也如黃帝爲史官之祖百家學術之宗也本紀不據諸子獨取孔子所傳宰予問五帝德帝繫姓而贊又申之曰學者多稱五帝尚矣尚書獨載堯以來而百家言黃帝其文不雅馴

薦紳先生難言之予觀春秋國語其發明五帝德帝繫姓章矣顧弟弗深考其所表見皆不虛書缺有閒矣其軼乃時時見於他說非好學深思心知其意難爲淺見寡聞道也後爲三代世表又曰五帝三代之時尚矣孔子因史文次春秋紀元年正時日月葢其詳哉至於敘尚書則略無年月余讀諜記黃帝以來皆有年數稽其歷譜諜終始五德之傳古今咸不同乖異夫子之弗論次其年月豈虛哉於是以五帝繫諜尚書集世紀黃帝以來訖共和爲世表由是觀之一引古文不憚往復明辨者豈非恐背先儒師說乎至於援孔子語衡定者殷紀曰孔子曰殷路車爲善而色尚白孝文紀曰孔子言必世然後仁善人之治

國百年亦可以勝殘去殺誠哉是言吳世家曰孔子言太伯可謂至德矣三以天下讓民無得而稱焉管仲傳曰管仲世所謂賢臣然孔子小之豈以爲周道衰微桓既賢而不勉之至王乃稱霸哉呂不韋傳曰孔子所謂聞者其呂子乎萬石張叔傳曰仲尼有言君子欲訥於言而敏於行其萬石建陵張叔之謂邪若斯類者一篇之中蓋三致意焉固不獨仲尼立世家弟子立列傳爲顯尊孔子也史記本紀世家序時事多以孔子生卒緯之孔子布衣書法乃與王侯等亦史公創例也抑遷之尊孔更有異於後儒者後儒尊孔子也屏百家於孔子之外而遷之尊孔子也則合百家於孔子之内今觀其書若老莊列傳則道家者流也若申不害韓非商鞅列傳則法家者

流也若孟軻荀卿等列傳則儒家名家墨家者流也若蘇秦張儀陳軫犀首樗里子甘茂范睢蔡澤列傳則從横家者流也若呂不韋列傳則襍家者流也若穰苴孫武吳起列傳則兵家者流也若扁鵲倉公列傳則方技家也若日者龜筴列傳則陰陽數術家也若貨殖列傳則農家也若滑稽列傳則小說家也定一統於孔子而諸家環衛焉洋洋乎非聖人不能並包之非太史公亦不能折衷之自序言自周公卒五百歲而有孔子孔子卒後至於今五百歲有能紹明世正易傳繼春秋本詩書禮樂之際意在斯乎意在斯乎是其發憤著書微言以見意百世下尚可推測矣劉向揚雄稱爲實錄豈虛語哉雖然司馬遷周室

舊史之裔也雖以史統歸孔子而猶不忍顯背其家學故論大
道則先黃老而後六經序游俠則退處士而進姦雄述貨殖則
崇勢利而羞賤貧所謂是非頗繆於聖人者詳其體制葢史官
之舊也摧陷廓清之功不能不有待於劉向與班固矣向之尊
孔子全在七略別錄七略別錄者敘次九家者流而以六經孔
子之義定其短長者也觀藝文一志可見矣藝文志既敘次六
藝即以儒家者流列於道家之上而曰遊文於六經之中留意
於仁義之際祖述堯舜憲章文武宗師仲尼以重其言於道最
爲高孔子曰如有所譽其有所試唐虞之隆殷周之盛仲尼之
業已試之效者也又曰諸子十家其可觀者九家而已不數儒

家豈非因孔子出於儒家而特筆以尊之哉至其於諸子也道
家則曰合於堯之克讓易之嗛嗛一謙而四益此其所長也陰
陽家則曰敬順昊天歷象日月星辰敬授民時此其所長也法
家則曰信賞必罰以輔禮制易曰先生以明罰飭法此其所長
也名家則曰古者名位不同禮亦異數孔子曰必也正名乎名
不正則言不順言不順則事不成此其所長也墨家則曰茅屋
采椽是以貴儉養三老五更是以兼愛選士大射是以上賢宗
祀嚴父是以右鬼順四時而行是以非命以孝視天下是以上
同此其所長也從横家則曰孔子曰誦詩三百使於四方不能
顓對雖多亦奚以爲又曰使乎使乎言其當權事制宜受命而

不受辭此其所長也雜家則曰兼儒墨合名法知國體之有此見王治之無不貫此其所長也農家則曰播百穀勸耕桑以足衣食故八政一曰食二曰貨孔子曰所重民食此其所長也小說家則曰孔子曰雖小道必有可觀者焉致遠恐泥是以君子弗爲也然亦弗滅也兵家則曰孔子曰爲國者足食足兵以不教民戰是謂棄之明兵之重也所謂合於六經孔子之義而取之者也若其不合於六經孔子者則於儒家曰惑者既失精微而辟者又隨時抑揚違離道本苟以譁眾取寵後進循之是以五經乖析儒學寖衰此辟儒之患道家曰及放者爲之則欲絕去禮學兼棄仁義曰獨任清虛可以爲治陰陽家曰及拘者爲

之則牽於禁忌泥於小數舍人事而任鬼神法家曰及刻者爲之則無教化去仁愛專任刑法而欲以致治至於殘害至親傷恩薄厚名家曰及警者爲之則苟鉤鈲析亂而已墨家曰及蔽者爲之見儉之利因以非禮推兼愛之意而不知別親疏從橫家曰及邪人爲之則上詐諼而棄其信襍家曰及盪者爲之則漫羨而無所歸心農家曰及鄙者爲之以爲無所事聖王欲使君臣並耕誖上下之序所謂違於六經孔子之義而棄之者也夫百家各引一端崇其所善有何短長可分哉惟以六經孔子之道衡之斯百家之短長見矣故其序曰仲尼有言禮失而求諸野方今去聖久遠道術缺廢無所更索彼九家者不猶瘉於

野乎若能修六藝之術而觀此九家之言舍短取長則可以通萬方之略矣是可知其書宗旨之所在也荀悅漢紀孔子曰博學於文約之以禮亦可以弗畔矣夫孝武皇帝時董仲舒推崇孔氏抑絀百家至劉向父子典校經籍而新義分方九流區別典籍益彰矣自非至聖之崇孰能定天下之疑觀悅以推崇孔氏爲仲舒功而劉向父子配之則劉略宗旨更昭然若發蒙矣語曰羣言殽亂折諸聖非向之謂歟其後班固祖向以述漢書自敘所謂緯六經綴道綱總百氏贊篇章已詳哉其言之矣而顯尊孔子則尤在古今人表一篇古今人表者聚列古今人物而以孔子之義詮隲之者也葢六家之論輕重不同評人物者往往莫衷一是自史統定於尼山班氏始考聖言理而董之揚雄法言重黎篇序曰仲尼以來國君將相卿士名臣參差不齊一槩諸聖似爲孟堅人表所本觀其引論語曰若聖與仁

則吾豈敢又曰何事於仁必也聖乎未知焉得仁生而知之者上也學而知之者次也困而學之又其次也困而不學民斯爲下矣又曰中人以上可以語上也唯上智與下愚不移因茲以列九等之序究極經傳繼世相次總備古今之略要云是其書非爲漢而作蓋爲孔子而作也故表列仲尼於老子之前而又序之曰自書契之作先民可得而聞者經傳所稱唐虞以上帝王有號謚輔佐不可得而稱矣而諸子頗言之雖不考乎孔氏然猶著在篇籍歸乎顯善昭惡勸戒後人故博采焉固之命誼可謂微而婉矣不然以漢書而表古人五尺童子知其不倫豈孟堅通儒而爲之乎由是以觀使孔子之道炳若日星源遠而

流長者皆仲舒子長子政孟堅四人之功也嗟乎自天子失官孔子憫王路廢而邪道興刪述六經以制義法中更戰國諸子紛爭荀孟二大儒潤色之於前董馬劉班四子表章之於後其功一也向使天不生四子百家各爭史統仲尼經術不絕如綫將萬古同乎長夜矣又安有後時皋牢九流之盛哉吾輩生孔子史統久定之後不見古人拾遺補藝之勞猥以宋儒讕言謂董子爲僞書謂司馬爲襍霸謂劉向班固非純儒不敢與七十弟子並序於孔廡俎豆之閒而守先王興絕學之苦心卒無以大白於天下豈不痛歟豈不痛歟

史微卷第三終

史微卷第四　　多伽羅香館叢書第一種

內篇　　錢塘張采田孟劬譔

徵孔

六藝未歸孔子以前君人南面之術根據於道家六藝既歸孔子以後君人南面之術皆折衷於孔子夫孔子儒家也以司徒一官上代舊史之統則儒家而實兼道家矣故欲考孔子與儒道兩家之異同必先考儒家與道家之異同然則儒道兩家之異同奈何曰道家宗旨明天者也王充曰六經之文聖人之語動言天者欲化無道懼愚者之言非獨吾心亦天意也及其言天猶以人心非謂上天蒼蒼之體也余案古書中言天者大抵指好生惡死之心趨利避害之慾出於自然者也其言人者大抵指彰善癉惡扶陽抑陰出於人爲者也不明此義而泥天體求之宜其說日入於荒誕哉

惟其明天故其言道也則曰有物混成先天地生吾不知其名强名曰道儒家宗旨明人者也惟其明人故其言道也則曰道者非天之道非地之道人之所道也莊生嘗言何謂道有天道有人道無爲而尊者天道也有爲而累者人道也主者天道也臣者人道也天道之與人道相去遠矣不可不察也道家出史官非所謂主者天道乎儒家出司徒非所謂臣者人道乎我孔子之道則不然道家先法天道孔子則修人道以希天儒家先盡人道孔子則本天道以律人其於道也未嘗不明天而必推本於人故曰天地位焉萬物育焉洋洋乎聖人之道峻極於天是與道家道先天地者異矣未嘗不明人而必推原於天故曰

先天而天弗違後天而奉天時天且弗違而況於人乎是與儒家道非天地者異矣蓋上古之世人與天近中古之世天與人遠孔子知人之不可偏廢而天之不可偏重也於是取舊法世傳之史政紘而更張之雖位育之功以天爲極致而作聖初基必使漸漬乎仁義禮智五倫之常道始可盡性以至命盡性至命則能贊天地之化育能贊天地之化育則可以與天地參矣是故其立敎也上比道家則不足下配儒家則有餘子思贊聖所以謂之中庸者用也言兼儒道兩家之統而用其中也中者無偏無倚之稱譬諸物然有兩端而後有中兩端之爲言往與來平與陂之極致也蓋天人之道相應如張弓彼張則此弛毗陰毗陽皆爲失位惟聖人爲能權其往來平陂之中而時濟之大學曰物有本末事有終始知所先後則近道矣孟子曰子莫

執中執中無權猶執一也故欲用中不可不知權欲知中位之所在不可不明天人之爲物而一切仁義道德之揭櫫皆視中以爲標準者也此實孔子建致異於儒道二家處大矣哉非素王烏能道並行而不相悖哉由是而删定六藝之宗旨可識矣周易者孔子通天意理人倫而明王道之書也易之先也本道家之書謂古史官道家詳於天而略於人至周文王重八卦爲六十四卦而天人之占始可得而效矣故孔子因而贊之上經始乾坤象陽所以立天道焉下篇始咸恒法陰所以立人道焉荀爽陳便宜曰夫婦人倫之始王化之端故文王作易上經首乾坤下經首咸恒孔子曰天尊地卑乾坤定矣是易分上下孔子實本於文王也易緯引孔子言說之曰易卦六十四分而爲上下象陰陽也夫陽道純而奇故上篇三十所以象陽也陰道不純而偶故下篇三十四所以法陰

也乾坤者陰陽之根本萬物之祖宗也爲上篇始者尊之也離
爲日坎爲月日月之道陰陽之經所以終始萬物故以坎離爲
終咸恆者男女之始夫婦之道也人道之興必由夫婦所以奉
承祖宗爲天地主也故爲下篇始者貴之也既濟未濟爲最終
者所以明戒慎而存王道也又曰泰者天地交通陰陽用事長
養萬物也否者天地不交通陰陽不用事止萬物之長也上經
象陽故以乾爲首坤爲次先泰而後否損者陰用事澤損山而
萬物損也下損以事其上益者陽用事而雷風益萬物也上自
損以益下下經以法陰故以咸爲始恆爲次先損而後益各順
其類也又曰易有六位三才天地人之分際也三才之道天地

人也天有陰陽地有柔剛人有仁義法此三者故生六位六位
之變陽爻者制於天也陰爻者繫於地也天動而施曰仁地靜
而理曰義仁成而上義成而下上者專制下者順從正形於人
則道德立而尊卑定矣是則十翼之發揮旁通豈非天地人道
之終始乎至於孔子之删書也司馬遷嘗言之矣曰序書傳上
紀唐虞之際下至秦繆編次其事而所以删書之宗旨不傳焉
以余考之向書者帝王典謨訓誥誓命之文而參贊天地之精
意也書之興也與文字俱起由來遠矣孔子觀書周室得黃帝
元孫帝魁之書迄於秦繆公凡三千二百四十篇取虞夏商周
四代之典删其善者上自虞下至周爲百篇編而序之言其作

意所謂斷遠取近足以垂世立教也何言乎垂世立教也孔安國曰伏犧神農黃帝之書謂之三墳言大道也少昊顓頊高辛唐虞之書謂之五典言常道也至於夏商周之書雖設教不倫雅誥奧義其歸一揆常道者非所稱五常之道乎五常之道王者盡人法天之本也易緯曰道興於仁立於禮理於義定於信成於智五者道德之分天人之際也可知天人之故至堯舜文武而始備無疑矣故孔子撰書尊而命之曰尚書尚者上也蓋言若天書然而璿璣鈐亦曰書務以天言之於是伏生本七十子口說論之曰天非人不因人非天不成天地人之道備而三五之運興矣明人君以人承天當取法於尚書也詩也者先王

論功頌德以人事天者也故曰正得失動天地感鬼神莫近乎詩詩爲人道之極致人道至此始可上贊化育矣中庸曰君子之道造端乎夫婦及其至也察乎天地明王化之基始諸衽席終於享帝配天也昔司馬遷述孔子刪詩之旨曰古者詩三千餘篇孔子去其重取可施於禮義者三百五篇以關雎之亂爲風始鹿鳴爲小雅始文王爲大雅始淸廟爲頌始三百五篇皆絃歌之以求合韶武雅頌之音而翼奉亦引師說曰易有陰陽詩有五際春秋有災異皆列終始推得失考天心以言王道之安危由是觀之孔子之刪詩蓋與尚書同爲天人而作矣禮也者先王上事天下事地尊先祖而隆君師者也故曰夫禮必本

於天又曰禮由人起是則違天道而順人情舍禮何以哉余嘗考之禮有三起禮理起於大一禮事起於遂皇禮名起於黃帝至唐虞三禮始具三禮者謂天地與人也後世分之爲五而吉凶賓嘉軍之名立矣周衰諸侯惡其害已多去其籍自孔子時已不能具於是歎文獻之無徵酌損益於三代定爲士禮十七篇使後王由此推諸天子爲故士冠士昏公食大夫燕禮鄉飲鄉射大射嘉禮也士相見聘覲賓禮也喪服士喪既夕士虞凶禮也特牲少牢有司徹吉禮也缺軍禮者軍爲撥亂所尚而禮則王者致太平之書也由是觀之士禮一書兼備天人又豈非孔子定禮之宗旨歟雖然詩書易禮皆二帝三王之舊典孔子

上承往聖取其開發天人者編而削之以爲如此庶足後王取法矣若夫天人終始之奥則非撥亂世而反之正必不足以大明於萬世此春秋一經所以又繼詩書易禮而作也徐彦曰孔子未得天命之時未有制作之意故但領緣舊經以濟當時而已既獲麟之后見端門之書知天命已制作以俟後王於是選理典籍欲爲撥亂之道以爲春秋者賞善罰惡之書若欲治世反歸於正道莫近於春秋董子繁露曰仲尼之作春秋也上探正天端王公之位萬民之所欲下明得失起賢才以待後聖故引史記理往事正是非序王公史記十二公之閒皆衰世之事孔子曰吾因其行事而加乎王心焉太史公亦曰春秋上明三

王之道下辨人事之紀別嫌疑明是非定猶豫善善惡惡賢賢賤不肖存亡國繼絕世補弊起廢王道之大者也古者一貫三謂之王言王者當通貫天地人三統也故其書於天人相與之閒三致意焉試以口說考之如曰春秋之法以人隨君以君隨天故屈民而伸君屈君而伸天春秋之大義也曰春秋變一謂之元元猶原也其義以隨天地終始也故元者爲萬物之本而人之元在焉曰春秋修本末之義達變故之應通生死之志遂人道之極者也若斯類者所謂文成數萬其旨數千者非歟嗟乎周轍既東王者迹熄上無天子下無方伯帝王所爲創制前民者掃地盡矣孔子在庶德無所施功無所就不得已而取魯

史筆削焉，故曰予欲託之空言不如見之行事深切著明者蓋至是而後人道浹王道備應天順人之宗旨始完然而無遺憾也是故孔子刪定六藝也所以備天人也其備天人也所以兼儒道二家之統也孫盛老聃非大賢論曰六經何嘗闕虛靜之訓謙冲之誨哉孔子曰述而不作信而好古竊比於我老彭尋斯旨也則老彭之道已籠罩乎聖教之內矣惟其兼道家之統故高出乎儒家惟其兼儒家之統故又不純乎道家惟其不純乎道家故莊周譏孔子爲天之戮民史記莊子其學無所不闚著書十餘萬言大抵率寓言也作漁父盜跖胠篋以詆訾孔子之徒以明老子之術是周書剽剝專在儒家非毀孔子也故所述孔子語往往多道家緒言子長謂其詆訾孔子之徒語最精確惟其高出乎儒家故宰予稱夫子爲賢於堯舜達巷黨人有言大哉孔子博學而無所成名千古能知孔子者黨人一人而已昔司馬遷之述史記也旣爲仲尼立世家又爲弟子儒林立列傳史公稱孔子所嚴事者於齊則晏平仲而世家又載晏子阻尼谿之封曰夫儒者滑稽而不可軌法倨傲自順不可以爲下崇喪遂哀破產厚葬不可以爲俗游說乞貸不可以爲國自大賢之息周室旣衰禮樂缺有間今孔子盛容飾繁登降之禮趨詳之節累世不能殫其學當年不能究其禮君欲用之以移齊俗非所以先細民也用意尤微而婉儒孔之辨益明矣觀此劉向之校藝文也旣序論語孝經於六藝之後又次儒家於諸子之中古人所以不憚反復詳辨者蓋惟恐以儒家卑視我孔子也乃後之儒者闇於大較并爲一談致使夫子由司徒一官上承君人南面之統以爲萬世帝王師表者屈在臣鄰之列而無一人智足知聖爲信如斯言是昌黎伊川晦庵諸賢皆可方駕於孔子曾謂自有生民以來凡有血氣莫不尊親之

大聖人而如是耶太史公曰天下君王至于賢人眾矣當時則榮沒則已焉孔子布衣傳十餘世學者宗之自天子王侯中國言六藝者折中於夫子可謂至聖矣至聖之稱惟孔子可當儒者不能僭也得余說而存之而後知世儒誣孔之罪真不勝誅者已

經辨

百家九流之學雖失傳於兩漢然尚有班氏藝文志存世之好學深思者苟取諸子以上究古人官守之遺固不難心知其意也惟六藝之爲書也典籍具在而口說寖亡一阨於劉歆顛倒五經毀師法二阨於鄭元義據通深古文遂行三阨於六朝南北派喜新得僞四阨於唐人之義疏刊落異家五阨於宋儒之章句附會釋教遂使我夫子折衷往制爲萬世立教之微言與

夫舊史世傳說經之本義俱晦塞蕪沒於訓詁箋注之中而六藝幾同斷爛朝報矣語曰秦人燒書而書存漢人窮經而經絕豈虛語哉約舉大者數端一則造經主名之不一也一則篇目前後之不同也一則家法異說之不相合也一則竄壁憑肊之互相矛盾也此數端皆古稱聚訟而迄今未有定論者今欲考定六藝不可不先考諸說之異同欲考諸說之異同不可不先考諸說根據之主義諸說根據之主義明而後我夫子折衷往制爲萬世立教者與夫舊史世傳說經者始可大白於天下此固非末學一人之責矣雖然不敢不言其略焉周易者始於伏義而終於文王昔者伏羲氏仰觀俯察既造八卦以通神明之

德以類萬物之情上古結繩簡略但有先文而已至黃帝始以古籀演之此據易緯乾鑿度案籀書實周宣王時太史籀所造紀者預稱之益假後以明前耳如五等之封起於周而史記黃帝本紀云諸侯咸來賓服謚號皆在身後而左傳云陳桓公方有寵於王古書似此者極多若不通其例則難曉矣歷代增損變通取此經以明受命之符夏據伏羲易謂之連山殷據黃帝易謂之歸藏文王又因伏羲黃帝之舊重之爲六十四卦謂之周易即孔子所據之本是也乃後儒說周易者不勝其聚訟焉一在於重卦一在於卦詞與爻詞以爲文王重卦者史遷之說也以爲神農重卦者鄭元之徒之說也以爲夏禹重卦者孫盛之說也以爲伏羲重卦者王弼之說也余考西京諸儒口說謂伏羲初造八卦則有之從無以重卦屬伏羲神農夏

禹者班固曰文王以諸侯順命而行道天人之占可得而效於是重易六爻作上下篇法言曰易始八卦而文王六十四其益可知也又曰文王淵懿也或問淵懿曰重易六爻不亦淵乎王充曰伏犧作八卦文王演爲六十四孔子作彖象繫詞三聖重業易乃具足由是觀之則重卦當歸文王無疑矣而鄭元孫盛獨屬神農與夏禹者何哉竊謂此葢涉二易而言耳按二易歸藏亦有六十四卦其中如溽狠藿林禍稱僕毋亡瞿荔員誠欽規夜學兼分岑霨遂蜀馬徒熒惑耆老大明等卦多不與周易同而連山亦有剝復姤中孚陽豫遊徒諸卦名是二易皆已重卦文王之演易或於此取象焉則所謂神農與夏禹者葢指是

也至於輔嗣謂伏犧重卦則亦有說說卦曰昔者聖人之作易也將以順性命之理兼三才而兩之故易六畫而成卦又曰因而重之爻在其中矣若然則伏犧之時所謂重卦者蓋重三爲乾重三爲坤之類耳案淮南要略曰今易之乾坤足以窮道通意也八卦可以識吉凶知禍福矣然而伏犧爲六十四變周室增以六爻以原測淑淸之道而攟逐萬物之祖也蓋伏犧雖未重卦而六十四卦變化之理已寓其中即所謂消息也至文王始本伏犧之義每卦增爲六爻而六十四卦成矣故下繫云上古結繩而治後世聖人易之以書契蓋取諸夬明夬卦之理伏犧之時已有也若據此謂重卦始於伏犧則淮南安得言周室增以六爻哉自孔沖遠不得其解因謂伏犧所重者爲六十四卦信如斯言周易一書上古已備又安用文王拘憂而更張之哉卦辭爻辭二說鄭康成暨西漢儒者皆言文王所作馬融陸績獨謂卦詞文王爻詞周

公以驗爻詞多文王後事也孔沖遠申之曰升王用享於岐山武王克殷之後始追號文王爲王若爻詞是文王所制不應云王用享於岐山明夷箕子之明夷武王觀兵之後箕子始被囚奴文王不宜豫言箕子之明夷既濟東鄰殺牛不如西鄰之禴祭說者皆云西鄰謂文王東鄰謂紂文王時紂尚南面豈容自言已德受福勝殷此三說可謂明晰矣而皆有未盡何則古者君臣不若後世尊嚴豈不可言東鄰西鄰文王受命改元皆在生時豈不可以稱王箕子古文或作荄茲或作其子亦豈必定指箕子也惟易緯有云法旦作九問注曰旦者周公似周公實有闡易之事易緯出孔子口說當可信從意者文王既修卦爻

二詞周公又從而潤澤之歟論衡曰古者烈山氏之王得河圖夏后因之曰連山烈山氏之王得河圖殷人因之曰歸藏伏犧氏之王得河圖周人曰周易其經卦皆六十四文王周公因彖十八章究六爻此則兼及周公矣若先儒說重卦及爻詞爲孔子十翼者見陸德明經典敘錄則又江左之新說辨不勝辨者也尚書本有兩派一爲孔子說經者是曰今文一爲舊史說經者是曰古文今伏生歐陽夏侯之今文已亡惟存古文而已而古文又有兩派一爲孔惠壁藏之古文一爲杜林桼書之古文杜林桼書古文尚書者據後漢林本傳曰河南鄭興東海衞宏等皆長於古學及宏見林闇然而服濟南徐巡始師事宏後皆更受林學林前於西州得桼書古文尚書一卷常寶愛之雖遭艱困握持不離身出以示宏等曰

林流離兵亂常恐斯經將絕何意東海衞子濟南徐生復能傳之是道竟不墜於地也古文雖不合時務然願諸生無悔所學宏巡益重之於是古文遂行陸德明亦引范曄之說曰中興扶風杜林傳古文尚書賈逵爲之作訓馬融作傳鄭元注解由是古文尚書遂顯於世是則近儒所輯尚書馬鄭注乃杜林桼書之古文也孔惠壁藏古文尚書者據漢儒林傳曰孔氏有古文尚書孔安國以今文字讀之因以起其家逸書得十餘篇葢尚書茲多於是矣遭巫蠱未立於學官安國爲諫大夫授都尉朝而司馬遷亦從安國問故遷書載堯典禹貢洪範微子金縢諸篇多古文說後漢孔僖傳亦云自安國以下世傳古文尚書經

典敍錄則曰古文尚書者孔惠之所藏也魯恭王壞孔子舊宅於壁中得之皆科斗文字博士孔安國以校伏生所誦爲隸古寫之增多伏生二十五篇安國又受詔爲古文尚書傳値武帝末巫蠱事起不獲奏上藏之私家孔氏之本絶是以馬鄭杜預之徒皆謂之逸書江左中興元帝時豫章內史枚賾奏上孔傳亡舜典一篇購不能得乃取王肅注堯典從慎徽五典以下分爲舜典篇以續之學徒遂盛齊明帝建武中吳興姚方興采馬王之注造孔傳舜典一篇云於大航頭買得上之梁武時爲博士議曰孔序稱伏生誤合五篇皆文相承接所以致誤舜典首有曰若稽古伏生雖昏耄何容合之遂不行用近唯崇古文馬

鄭王注遂廢是則孔沖遠作疏之尚書安國所傳乃孔惠壁藏之古文惟舜典首二十八字及傳爲姚方興僞造者也宋後儒者不知古文本有二派見孔傳與馬鄭不同遂疑其僞而古文兩言於是爲治尚書者一大疑讞矣其爲說也有數端有以兼弱攻昧爲隨武子語推亡固存爲中行獻子語而謂其非經文而以爲經有以孔注論語予小子履引湯誓傳屬湯誥注雖有周親指管蔡傳稱至親而謂其非傳義而以爲傳有以舜往于田舜典文今在大禹謨葛伯仇餉湯征文今在仲虺誥而謂其或以此篇爲彼篇有以孟子言舜舍巳從人傳以爲舜之稱堯尸子舜云從道必吉傳以爲禹之告舜而謂其或以此言爲彼

言有以天子爲四而云六馬夏商五廟而云七廟而謂其背於典禮有以尙書例不書時月泰誓乃有十有三年春之文越日皆從本日數武成乃有越三日庚戌之語而謂其乖於史例有以七旬苗格與三苗分北互違五子作歌與五觀失家相反而謂其是非大謬有以武王告百姓不當稱角崩成王命蔡仲不當稱乃祖而謂其敘事失詞此皆後儒攻駁孔傳之大者也以余考之皆不足以定孔傳之僞何則古人學術俱係口傳故諸子引書往往互有同異如易傳君子居其室云云本孔子所言而說苑引爲泄冶語是其例也如此則非經爲經之疑可釋矣古人傳義全重家法故一人作注往往各存其眞如高誘注淮

南大份云在誓而注呂覽則曰未聞是其例也如此則非傳爲
傳之疑又釋矣既古人傳義重家法則不得以舜典湯征篇目
之殊而疑其以此篇爲彼篇矣既古人學術係口傳則亦不得
以言舜舜云主名之異而疑其以此言爲彼言矣至於典禮本
有今學古學之不同史例亦有此經彼經之殊體三苗分北即
是有格五觀失家豈害作歌孟子尚有漂杵之說則武王何不
可稱角崩周公亦有寍考之言則成王何不可稱乃祖且傳言
孔氏有古文尚書安國以今文字讀之可知尚書一經必有爲
安國以隸字易其本文者試觀墨子引湯誓周誥夏書呂覽引
商書夏書周書史記引堯典舜典禹貢周誥多不與今本尚書

同是其明證使如後儒譌言亦將以墨子呂覽諸書而疑馬鄭注爲贋鼎矣豈可通乎

近儒攻孔傳者如閻惠王孫諸儒所考皆不足以定孔傳之僞惟今孔傳增多伏生二十五篇與馬鄭本增多十六篇不同其篇目亦多有異孔傳二十五篇者一大禹謨二五子之歌三胤征四仲虺之誥五湯誥六伊訓九太甲三篇十咸有一德十三說命三篇十六泰誓三篇十七武成十八旅獒十九微子之命二十蔡仲之命二十一周官二十二君陳二十三畢命二十四君牙二十五冏命馬鄭本十六篇者則一舜典二汨作十一九共九篇十二大禹謨十三益稷十四五子之歌十五胤征十六湯誥十七咸有一德十八典寶十九伊訓二十肆命二十一原命二十二武成二十三旅獒二十四冏命以此二十四爲十六卷以九共九篇共卷除八篇故爲十六所列篇目已與孔傳不侔矣然猶可曰桼書與壁書非一本也至藝文志明言孔安國得多十六篇非二十五篇豈有同一壁藏之書而參差背繆至於如此哉此所以孔沖遠疑馬鄭本爲張霸僞書而近人又謂孔傳爲枚賾贋鼎也要之書缺有閒矣據一二字訛誤輕議古經博學詳說之君子諒不出此後有治尚書者信古而闕疑焉可耳

若康成尚書雖本杜林之古文實兼

伏生之今文此鄭氏傳經之通例故安國增多之二十五篇康成皆不爲注而謂之逸書逸書者逸無師說也今旣考定羣籍知孔傳古文與馬鄭注者各屬一家並行不背八疑渙然而消謂孔書爲校頤僞造斯眞貴耳而賤目者矣詩經亦有兩派一曰今文三家是也一曰古文毛氏是也後儒不見三家之全不考毛傳之本輒三家者則譏毛傳爲僞宗毛氏者則譏三家非眞斯亦爭訟之一耑矣不知詩有四例有古人作詩之例有太史采詩之例有孔子删詩之例有後人賦詩之例四例明而後詩可得而治也試以關雎一章徵之魯詩曰周道缺詩人本之衽席關雎作又曰后夫人鷄鳴珮玉去君所周康后不然詩人

歎而傷之又曰昔周王承文王之盛一朝晏起夫人不鳴璜宮門不擊柝關雎之人見幾而作豈非古人作詩之義乎毛詩曰關雎后妃之德也風之始也所以風天下而正夫婦也故用之鄉人焉用之邦國焉又曰國史明乎得失之迹傷人倫之廢哀刑政之苛吟詠情性以風其上達於事變而懷其舊俗者也豈非太史采詩之義乎齊詩曰周漸將衰康王晏起畢公喟然深思古道感彼關雎德不雙侶願得周公妃以窈窕防微漸諷諭君父孔子大之列冠篇首又曰匹妃之際生民之始萬福之原婚姻之禮正然後品物遂而天命全孔子論詩以關雎爲始言太上者民之父母后夫人之行不侔乎天地則無以奉神靈之

統而理萬物之宜故詩曰窈窕淑女君子好仇言能致其貞淑不貳其操夫然後可以配至尊而爲宗廟主此綱紀之首王敎之端也豈非孔子刪詩之義乎韓詩曰詩人言關雎貞潔慎匹以聲相求必於河之洲隱蔽於無人之處故人君退朝入於私宮后妃御見去留有度應門擊柝鼓人上堂退反晏處體安志明今時大人內傾於色賢人見其萌故詠關雎說淑女正容儀以刺時也豈非後人賦詩之義乎春秋說題詞曰人主不正應門失守故歌關雎以感之義尤明顯蓋太史采詩者專取其吟詠情性以諷其上者也孔子刪詩者專取其可以垂世立敎者也後人賦詩者專取其引伸觸類斷章取義者也惟古人作詩者是三百篇之主義故班固云

漢興魯申公爲詩訓故而齊轅固燕韓生皆爲之傳或取春秋采襍說咸非其本義與不得已魯最爲近之言魯詩最近詩人之本事也今雖明作詩之魯詩及闡發孔子刪詩之齊詩皆佚無以見其歸趣然世所行者不有韓詩外傳與毛傳耶韓詩外傳之體往往引古事以詩證之此眞後人賦詩之例者也漢書儒林傳曰嬰推詩人之意而作內外傳數萬言其語頗與齊魯閒殊然歸一也足爲韓詩義證韓詩既然則毛傳爲詳太史采詩之宗旨更無疑矣由是觀之四家之詩各明一義又豈可偏廢而學一先生之言哉禮經傳於世者亦有今古文兩家今文士禮十七篇古文周官六篇也此二經尚無異說異說最多者則莫如戴記之明堂月令樂記三篇據隋志曰漢

末馬融遂傳小戴之學融又足月令一篇明堂位一篇樂記一篇合四十九篇而鄭元受業於融又爲之注是此三篇爲馬融續增皆非小戴原本明矣益明堂陰陽王史氏記所見多天子諸侯卿大夫之制而二戴皆后倉弟子倉師法高堂生固欲推士禮致於天子者（后倉但欲推士禮於天子耳不謂諸侯卿大夫也讀漢志者不可誤會）今文派也馬鄭則古文派也故隋志言鄭元傳小戴之學後以古經校之取其於義長者作注爲鄭氏學由是以觀則鄭氏兼小戴之舊本用馬融之新修豈非其家法不同哉試以明堂月令樂記三篇考之月令明堂位鄭目錄云別錄屬明堂陰陽樂記鄭目錄云別錄屬樂其非后倉今文師傳固已顯然（藝文志武帝時河閒獻王好博

古與諸生等共采周官及諸子言樂事者以作樂記則樂記乃漢時所輯其後內史丞王度傳之以授常山王禹獻二十四卷樂記劉向校書得樂記二十三篇與禹不同其道寖以益微小戴恐不及見安得與諸記同編耶大戴之刪記本以存記取之尚無可議小戴之刪記也則以說禮過而存之不幾自背其家學乎六藝論曰戴德傳記八十五篇則大戴禮是也戴聖傳禮四十九篇則禮記是也一曰傳記一曰傳禮兩家宗旨分析爲最明矣乃輓近諸儒辨詰紛紛皆謂三篇爲小戴原本非馬融之所足其說始於戴東原而陳恭甫尤辯余考釋文敘錄引陳邵周禮論序曰戴德刪古禮二百四篇爲八十五篇謂之大戴禮戴聖刪大戴禮爲四十九篇是爲小戴禮後漢馬融盧植考諸家同異附戴聖篇章去其繁重及所敘略而

行於世卽今之禮記是也鄭元亦依盧馬之本而注焉所言篇數與隋志小異至謂馬融盧植考諸家同異附戴聖篇章非馬融羼入而何陳邵晉人豈無所據古人著書不能疑誤後學也而蔡甫乃猥以別錄六藝論後漢橋元曹褒傳四十九篇爲證不知別錄之四十九篇陸德明已謂其篇次與今禮記同名爲他家書拾撰所取不可謂之小戴禮矣若六藝論橋曹兩傳則實作四十九篇一字之訛恐難平反且陳邵亦謂四十九篇猶云馬盧附戴聖篇章則又何解今禮記四十九篇者曲禮檀弓雜記均分上下始得此數諸家所言指其分篇乎抑不指其分篇乎陳邵云去其繁重及敘略似小戴原書必有敘略諸家所

言併敘略數之乎抑不併敘略數之乎此皆無從懸揣而隋志載融所足三篇證以陳邵則固確有依據也以無從懸揣之詞攻確有依據之說使小戴背其師法亦無爲貴辨矣惟隋志言漢初河閒獻王得仲尼弟子及後學者所記一百三十一篇至劉向考校經籍檢得一百三十篇向因第而敘之又得明堂陰陽記三十三篇孔子三朝記七篇王氏史氏記二十一篇樂記二十三篇凡五種合二百十四篇戴德刪其煩重合而記之爲八十五篇謂之大戴記戴聖又刪大戴書爲四十六篇謂之小戴記似二戴即刪劉向所校之書然考史劉向典校中祕之後時書不布見漢書敘傳二戴何從得而刪之初學記曰漢宣帝世東

海后倉善說禮於曲臺殿撰禮一百八十篇號曰后氏曲臺記后倉傳梁國戴德及德從子聖乃刪后氏記爲八十五篇名大戴禮聖又刪大戴禮爲四十六篇名小戴禮若然則曲臺記亦薈萃諸記而成而二戴乃刪后氏之書非刪劉向所校之書矣二戴禮記之目不著錄於七略然蜀志蓺文類聚引別錄云孔子三見哀公作三朝記七篇今在大戴禮顏師古注漢志則謂今大戴禮有其一篇是二戴刪記雖與劉向先後同時而實在天祿校書之前故別錄得以稱之也按儒林傳倉說禮數萬言號曰后氏曲臺記服虔注在曲臺校書著說因以爲名是倉亦嘗預校書之職宜其得窺中祕也而隋志上言劉向檢得之事下言二戴刪記之事兩事本不相蒙得此不亦可以釋然哉案曲臺記漢志作九篇今初學記作一百八十篇或初學記是著其原數而漢志則著刪餘之數歟要之

古書篇卷最難的考既與大義無關固無庸斷斷致辨也此皆諸經異同之顯然尤著者也

雖然詩書易禮四經雖互相異同不過後儒横生肊見耳而古說尚無是也至於春秋一經之有三傳也則自兩漢即與爭論矣故其時好公穀者攻左氏不遺餘力扶左氏者攻公穀亦不遺餘力宋儒本之競創邪說謂何休爲公羊之罪人謂左氏爲劉歆所僞造觀聽不決多隨二創使十二公之新經有同畫餅三十卷之舊史幾可覆瓿不更冤乎不知左傳一書舊史說經之義也故漢儒言左氏不傳春秋不傳春秋者謂不傳春秋之口說非不傳春秋之本事也吾何以知左氏傳本事哉吾徵諸史記漢志知之史記十二諸侯年表曰孔子明王道干七十餘

君莫能用故西觀周室論史記舊聞興於魯而次春秋七十子之徒口受其傳指爲有所刺譏褒諱挹損之文詞不可以書見也魯君子左邱明懼弟子人人異端各安其意失其眞故因孔子史記具論其語成左氏春秋漢志於左氏傳下注左邱明魯太史而敘之曰仲尼思存前聖之業以魯周公之國禮文備物史官有法故與左邱明觀其史記據行事仍人道有所褒諱貶損不可書見口授弟子弟子退而異言邱明恐弟子各安其意以失其眞故論本事而作傳明夫子不以空言說經也春秋所貶損大人當世君臣有威權勢力其事實皆形於傳是以隱其書而不宣所以免時難也由是觀之則左邱明本魯太史也其

作傳也蓋因春秋修成口說異言恐漸失本事之眞不得已依孔子史記具論魯史之語欲以見夫子所貶損者事實皆形於傳深切著明根據舊史非徒空言說經而已使無左氏一傳則人將疑孔子僞創魯史矣素臣之功意蓋在此故其全書皆據舊例以發義指行事以正褒貶諸稱書不書先書故書不言不稱書曰之類無一非魯史舊文眞班固所言史官有法者謂之論本事而作傳詎不信歟若夫孔子刺譏褒諱挹損之文詞七十子之徒口受其傳指不可以書見矣邱明雖親見聖人未嘗受業烏得而傳之孔子世家云孔子在位聽訟文詞有可與人共者弗獨有也至於春秋筆則筆削則削子夏之倫不能贊一詞況邱明乎今列七證以祛來惑太史公書雜者稱爲多引

左氏見范升傳五帝紀序亦謂春秋國語其所表見皆不虛而答壺遂問春秋乃獨祖公羊大義不與前同豈非前之引左氏專在本事後之祖公羊專在口說乎其證一也

太史公十二諸侯年表敘曰魯君子左邱明成左氏春秋鐸椒爲楚威王傳爲王不能盡觀春秋采取成敗卒四十章爲鐸氏微趙孝成王時其相虞卿上采春秋下觀近世亦著八篇爲虞氏春秋呂不韋秦莊襄王相亦上觀尚古刪拾春秋集六國時事以爲八覽六論十二紀爲呂氏春秋及如荀卿孟子公孫固韓非之徒各往往捃摭春秋之文以著書漢相張蒼歷譜五德上大夫董仲舒推春秋義頗著文焉又曰儒者斷其義馳說者騁其詞可見古文學事今文重義兩家派別之不同矣近有據此謂史公揚古文而抑今文者甚謬使史公果揚古抑今則孔子世家載修春秋事何以獨本公羊爲說耶

劉子政玩弄左氏童僕妻子皆呻吟之而傳洪範五行多異邱明歆數難向向未能非猶持其穀梁義不敢苟同使左氏亦傳口說子政何肯獨持穀梁義

同門而妬道眞乎其證二也後漢班彪傳彪繼採前史遺事作後傳數十篇因斟酌前史而譏正得失其略論曰唐虞三代詩書所及世有史官以司典籍暨於諸侯國自有史故孟子曰楚之檮杌晉之乘魯之春秋其事一也定哀之間魯君子左邱明論集其文作左氏傳三十篇又撰異同號曰國語二十篇由是乘檮杌之事遂闇而左氏國語獨章班彪以左氏傳與乘檮杌並言列諸國史豈非謂左氏傳卽魯之春秋乎班固漢書司馬遷傳贊云孔子因魯史記而作春秋左邱明論輯其本事以爲之傳又纂異同爲國語而固集復有難左氏九條三評等科見史通今雖不得其詳然觀孟堅以本事稱左傳則左氏之爲魯國之史益無疑矣其證三也桓譚新論言左氏傳遭戰國寢廢後百餘年魯人穀梁赤爲春秋殘略多所遺失

又有齊人公羊高緣經文作傳彌離其本事矣左氏傳於經猶衣之表裏相待而成經而無傳使聖人閉戶思之十年不能知也及光武興立左氏譚與衛宏並共毀訾史通引東觀漢記陳元奏云光武興立左氏而桓譚衛宏並共毀訾中道而廢豈非前主本事故譏二傳後之貶左意在於經乎其證四也劉歆最私左傳移博士書曰與其過而廢之寧過而立之且引禮失求野之言而責以信口說而背傳記傳記指史而言豈非不敢以左氏傳爲孔子口說乎其證五也左氏爭議託始劉歆而後范升陳元繼之范升言左氏不祖孔子而出於邱明師徒相傳又無其人五經之本自孔子始先帝不以左氏爲經故不置博士陳元言論者沈溺所習翫守舊聞固執

虛言傳受之詞以非親見實事之道尹謂不祖孔子豈非左氏不傳口說乎元謂親見實事豈非左氏實傳本事乎其證六也王充後漢通人論衡亦謂公羊高穀梁寘胡毋氏皆傳春秋各門異戶獨左氏傳爲近得實國語左氏之外傳左氏傳經詞語尚略故復選錄國語之詞以實左氏國語世儒實書也實書之稱豈非指本事而言乎其證七也有此七證左氏之爲舊史章章明矣惟其爲舊史故兩漢治左氏者若劉歆鄭興鄭衆等一及大義無不膚引公羊穀梁絕不肯附會左氏爲孔子之口說郎賈逵杜預最稱文致者而逵之條奏曰臣謹摘出左氏三十事尤著明者皆君臣之正義父子之綱紀至如祭仲紀季伍子

胥叔術之屬左氏義深於君父公羊多任於權變其相殊絕固已甚遠預之左傳序曰其發凡以言例皆經國之常制周公之垂法史書之舊章仲尼從而修之以成一經之通體一曰殊絕甚遠一曰史書舊章是逵預雖緣隙奮筆妄謂左氏可與公羊可尊亦何嘗沒其爲舊史之實哉而緩學之士輒欲申劉知幾史論（劉氏史通申左有左氏三長公穀五短子元論史故重本事意各有主）思以汨二傳之微言眞劉歆所謂挾恐見破之私意而無從善服義之公心者也若公羊之疑則又有二一則謂周公制度已備孔子不當改制也一則謂周德天命未改孔子不當王魯也此皆不足以議公羊何則易詩書禮皆先王經世之史而春秋則魯諸侯之史也諸

侯之史豈可上配六蓺改制者盍據天子制度以改魯史耳故孟子說未修之春秋曰晉之乘楚之檮杌魯之春秋一也說既修之春秋曰春秋天子之事也使當日孔子因魯史而不改是以諸侯史例廁諸天子之閒矣其爲僭越更何如耶雖然改制亦非無所依據也徐彥引閔因敘曰昔孔子受端門之命制春秋之義使子夏等十四人求周史記得百二十國寶書九月經立感精符考異郵說題詞具有其文夫子修春秋祖述堯舜下包文武不應專據魯史堪爲王者之法也故言據百二十國寶書周史而言寶書者寶者保也以其可世世傳保以爲戒故云寶書也而司馬遷亦言孔子西觀周室論史記舊聞興於魯而

次春秋由是而觀孔子之所改者皆據周史之制無疑矣而或者又謂孔子既得百二十國寶書何不竟據周史而必因魯史立新經黜周王魯無乃蹈於僭竊王章之罪乎不知此我孔子之深意也蓋周轍既東天下無共主久矣范甯有言就大師而正雅頌因魯史而修春秋列黍離於國風齊王德於邦君所以明其不能復雅政化不足以被羣后也故其時上無天子以操黜陟之權下無方伯以正朝聘之禮孔子雖得寶書春秋一經終不能成不得已假魯史以加王心焉語曰文王既沒文不在茲乎言文王之道喪興之者在已耳說苑曰夏道不亡商德不作商德不亡周德不作周德不亡春秋不作春秋作而後君子

知周道亡也豈非以春秋繼周而作爲我孔子受命之史乎春秋既爲孔子受命之史而聖德在庶不能不託魯以當新王既託魯以當新王不能不親周故宋以存三統孔子曰知我者其惟春秋乎罪我者其惟春秋乎天人之間聖人蓋有懼心矣要之周德不若三季之末孔子必不敢以匹夫上代天子之權魯史苟非諸侯之書孔子亦必不肯改制以啟後儒之惑董仲舒蕃露曰所謂新王必改制者非改其道非變其理受命於天易姓更王非繼前王而王也故必徙居處更稱號改正朔易服色者無他隱不敢不順天志而明自顯也若夫大綱人倫道理政治教化習俗文義盡如故亦何改哉魯恭議奏曰夫陰陽之氣相扶而行王者雖質文不同而茲道無變其變者惟正朔服色犧牲徽號器械而已是春秋所謂改制者專指此數事而言蓋孔子爲後王制法者也論者泥於當時又何怪其反脣相譏耶宋人乃以僭竊王章之罪責萬世

帝王之師亦可謂不根持論者也晉書王接傳載接之言曰公羊通經爲長何休訓釋甚詳而黜周王魯大體乖硋賈逵長義亦有駁黜周王魯之說此皆門戶之見蓋魏晉間左氏學盛行公羊微旨已無人能識矣嗟乎諸經得失既如彼而三傳異同又如此得余說而存之庶幾可以息諍矣雖然六藝自孔子手定之後變亂穿鑿於後人者至數千餘年其大者今已略爲辨明其小者尤更僕難數大抵諸經牴牾多在於事近儒謂論學惟著之於事方無爭訟不知事之是非亦猶理之眞僞同一紀事而史記與左傳已不同矣然猶可曰時有先後也若一時一人所著之書如左傳之與國語則又何解焉況既往之事無從徵明而理之在宇宙隨時可以印證則事之不足憑或更甚於理也辨六藝異同者其愼之班孟堅有言曰後世經傳既已乖離博學者又不思多聞闕疑之義而務碎義逃難便詞巧說破壞形體安其所習毀所不見終以自蔽此學者之大患也詎

不信哉詎不信哉

案易

六藝之學古稱聚訟如吾經辨中所言是已葢六藝之爲書也其神圓法天其智方象地惑者既失精微而辟者又隨時抑揚違離道本不能博聞强識以上探聖人之用心後進彌以馳逐遂使春秋分爲五詩分爲四易有數家之傳此所以五經乖析儒學寖衰也然則治經之道奈何曰治經之道一言以蔽之曰知所先後而已如治易當先觀孔子十翼易緯然後以今文家虞翻注古文家王弼注今古文家鄭康成注參之而易可得而治也治書當先觀書序然後以今文家伏生傳古文家孔安國

傳今古文家馬鄭注參之而書可得而治也治詩當先觀詩序然後以今文家三家傳古文家毛氏傳參之而詩可得而治也治禮當先觀七十子傳記然後以今文家士禮十七篇古文家周官經今古文家鄭氏注參之而禮可得而治也治春秋當先觀公羊穀梁左氏三傳然後以今文家董仲舒書古文家杜元凱注參之而春秋可得而治也至於總治六藝者則又有五經異義白虎通義諸書焉（白虎通義蓋白虎議奏中通論之一種今五經議奏已亡而通義獨存亦天幸矣）

互證博觀豈非治經者所樂有事哉今試以易槩之易也者先王經天地理人倫明王道以備萬物古今之變而示人趨吉避凶者也易有三義一曰易一曰變易一曰不易易者以言其

德也通情無門藏神無內至誠專密不煩不擾淡泊不失此其易也變易者以言其氣也天地不變不能通氣五行迭終四時更廢君臣取象變節相和能消者息必專者敗君臣不變不能成朝夫婦不變不能成家此其變易也不易者以言其位也天在上地在下君南面臣北面父坐子伏此其不易也惟易一名而含三義故謂之周易周普也言易道周普無所不備也周易本有二義一則謂周爲代名一則謂周爲周普故易緯云因代以題周而先儒又曰既指周代之名亦是普徧之義二說合之始備

大抵易之爲道全從一陰一陽綜錯而成虞君說易曰從日下月日月者陰陽象也陰陽統太極太極生兩儀兩儀生四象四象生八卦八卦相盪而消息見矣消息成六十四卦變化而不

亂而高卑貴賤之位定矣位定而後可以統天於乾元乾以易
知坤以簡能易簡而天下之理得矣昔者聖人因陰陽定消息
立乾坤以統天地也乾坤安從生曰生於渾淪渾淪者言萬物
相渾成而未相離視之不見聽之不聞循之不得故曰易也易
變而爲一一變而爲七七變而爲九九者氣變之究也乃復變
而爲一一者形變之始物有始有壯有究故三畫而成乾乾坤
相並俱生物有陰陽因而重之故六畫而成卦六畫爲六位六
位三才天地人道之分際也天地之氣必有終始六位之設皆
由上下故易始於一分於二通於三口於四盛於五終於上初
爲元士二爲大夫三爲三公四爲諸侯五爲天子上爲宗廟凡

此六者陰陽所以進退君臣所以升降萬人所以爲象則也陰陽有盛衰人道有得失聖人因其象隨其變爲之設卦方盛則託吉將衰則寄凶陰陽不正皆爲失位其應實而有之皆失義善雖微細必見吉端惡雖纖芥必有悔吝所以極天地之變盡萬物之情明王事也故孔子曰易六位正而王度見矣大矣哉非易與天地準豈能彌綸天下之道吉凶與民同患哉今兩漢田何丁將軍之口說佚矣輓世盛傳則有鄭元王弼二家鄭注多詳天象而以互變通之此蓋古人占易之義也（荀悅漢紀曰費直治易長於筮鄭易宗費氏故專主爻辰爻辰者乾坤六爻上繫二十八宿依氣而定其義出於周易分野古人占候多用之近儒戴棠有鄭氏爻辰補考之最詳）王注專明人事而以虛無參之此蓋後人學易之

義也鄭王二家皆宗費氏易鄭則兼采今文家說所以與王不同也兩家各有所長言乎開務成物者則鄭氏爲精以其本天象而發揮旁通也言乎洗心退藏者則王氏爲密以其本人事而疏通證明也李鼎祚有言易之爲書豈偏滯於天人者乎則兩家非我孔子贊易之嫡傳明矣今欲考我孔子贊易之嫡傳不得不以荀爽與虞翻爲差近爲荀氏之傳不詳其本荀氏說易專明消息與仲翔同蓋亦西京流派觀其對策陳便宜引證六經大誼一歸之於易道又著禮傳詩傳尚書正經春秋條例公羊問眞粹然今文之學也自後漢儒林傳於馬融鄭元爲費氏易作注後云荀爽亦作易傳釋文因謂爽亦傳費氏學恐係誤讀漢紀而然荀悅漢紀曰臣悅叔父故司空爽著易傳據爻象承應陰陽變化之義以十篇之文解說經意與儒林傳費直以彖象繫詞十篇文言解說上下經相合不知兩漢講易諸家孰非以十篇解說全經如以此爲慈明本費氏家法之證紀所言陰陽變化之義者又豈費氏家法乎今荀注久佚余固不能定之也

虞氏之學則淵源於孟喜據漢書儒林傳言喜好自稱譽得易家候陰陽災變書詐言師田生且死時傳喜一時遂有改師法之譏其後焦延壽京房言災異亦自稱嘗從孟喜問易惟劉向校書考易說以爲諸易家說皆祖田何楊叔丁將軍大誼略同惟京氏爲異班固亦謂焦延壽獨得隱士之說託之孟氏不相與同則喜之不肯師說亦可見矣大抵喜之見詆於諸儒專在災變若陰陽大誼西京鉅儒無有不通達者非獨喜也而又旁考諸儒異同虞翻奏上易注曰經之大者莫過於易自漢初以來海內英才其讀易者解之率少至孝靈之世潁川荀諝號爲知易臣得其注有愈俗儒至所說西南得朋東北喪朋顛倒反逆了不可知孔子歎易曰知變化之道者其知神之所爲乎以美大衍四象之作而上爲章首尤可怪笑又南郡太守馬融名有俊才其所解釋復不及諝孔子曰可與共學未可與適道豈不其然若乃北海鄭元南陽宋忠雖各立注忠小差元而皆未得其門難以示世荀諝卽荀爽也故其爲術也以陰陽消息六爻歸於乾元用九而天下治蓋聖人之作易也先觀太極然後以元象之坤凝於乾是名乾元乾元既立然後以三畫

象太極之一七九又效法爲二八六之三畫以爲乾坤而象天地乾坤定位一陰一陽自成三才至泰二五合坎離成既濟象爲六爻皆正乃反乎乾坤之元故曰用九用六九六二用卽陰陽不測之謂神乾坤之神運乎六子初四震巽二五坎離三上艮兌乾主初三五坤貞二四上乾二坤五相易是謂水火相逮乾四坤初相易是謂雷風不相悖乾上坤三相易是謂山澤通氣各就六位而變通之十有八變而六子之卦成乾坤與六子並列消而息之而六十四卦從此生矣李尚之周易虞氏略例據京房傳孟康注謂十二卦爲消息卦餘卦爲雜卦而譏臯文八卦消息成六十四卦之非不知十二消息卦乾坤消息也卦例所生各卦乾坤往來也坎離及旁通諸卦乾之坤坤之乾也皆可以消息統之故今依臯文先生義六十四卦雖分陰分陽

而一歸於乾元用九而天下治繫曰天下之動貞夫一者也一即乾元也乾元之動流轉不停天地以日月盈虧而成寒暑乾元亦以陰陽消息而生治亂治亂循環而天下之大變以起天下之大變起則乾元不能隨天地爲終始而人之元忒矣周易乾元與春秋之元同義故董子曰春秋一謂之元元猶原也其義以隨天地終始也人惟有終始也而生不必應四時之變故元者萬物之本而人之元在焉安在乎乃在乎天地之前蓋元者太極之氣萬物之所由生以成此宇宙者也桓譚新論曰伏羲氏謂之易老子謂之道孔子謂之元元實一物也說文曰元始也謂萬物最初之始無比列者也元不可見以吾人好生惡死之慾趨利避害之情見之好生惡死之慾與趨利避害之情相激不已必致率獸食人人將相食則萬類由之而生者終必由之而滅而天地或幾乎息焉聖人知吾人此慾此情爲天地成立之始而過用此慾此情窮則必反也故立教以隄之屬萬物於一而繫之元如此則天心我孔子有憂之於是本文王之所演觸正矣此乾元之定義也

類而引申焉立乾元以爲陰陽變化之樞機使後王觀其會通以行其典禮繫詞焉以斷其吉凶變而通之以盡利鼓而舞之以盡神能盡利與神則天人道濟而乾元始復歸於正是故乾元者天人之際而治亂之所從出也詩之始諸衽席書之斷自唐虞禮之享帝配天春秋之彰善癉惡無一不視乾元爲進退

乾元之爲物無乎不在聖人假定陰陽視其消息以爲治亂而補救之歸之於中故曰中庸而一切災異諸說皆即人心假象以示警者也兩漢通儒如董仲舒治春秋多詳於陰陽說書者有洪範五行一派說詩者有五際六情等義禮經亦兼論明堂陰陽故大戴記曰春秋之元詩之關雎禮之冠昏易之乾坤皆慎始敬終明其與消息相表裏學者苟能合羣經而觀之則我孔子憂患來世之心不難復見矣

而周易獨爲之原是故知易然後可以識我孔子刪定六藝之指歸知易然後可以識我孔子刪定六藝指

歸之一貫昔干寶之序易曰凡易既分爲六十四卦以爲上下經天人之事各有始終夫子又爲序卦以明其相承受之義陰陽剛柔天地自然之理分陰分陽迭用柔剛聖人經世之術也故三世之易皆同所異者歸藏首坤連山首艮周易首乾及其承受之次第耳彖文有序卦消息說欲考繫易之精蘊者所宜孳究也然則文王周公所遭遇之運武王成王所先後之政蒼精受命短長之期備於此矣而夫子又重爲雜卦以易其次第雜卦之末又改其例不以兩卦反覆相酬者以示來聖後王明道非常道事非常事也化而裁之存乎變是以終之以決言能決斷其中唯陽德之主也故曰易窮則變通則久總而觀之伏羲黃帝皆繫世象賢欲使天下世有常君也而堯舜禪代非黃農之化朱均頑也湯武逆取非唐虞

之迹桀紂之不君也伊尹廢立非從順之節使太甲思愆也周公攝政非湯武之典成王幼年也凡此此聖賢所遭遇異時者也夏政尚忠忠之弊野故殷自野以敎敬敬之弊鬼故周自鬼以敎文文之弊薄故春秋閱諸三代而損益之顔回問爲邦子曰行夏之時乘殷之輅服周之冕弟子問政者數矣而夫子不與言三代損益以非其任也回則備言王者之佐伊尹之人也故夫子及之焉是以聖人之於天下也同不是異不非百世以俟聖人而不惑一以貫之矣此其爲說上本古聖人演易之旨以推明後聖人垂世立敎之苦心與詩書禮樂春秋若合符契蓋自來講易諸家未有深切著明如實者也然非通虞氏乾元消

息之奧又烏足以明之邪又烏足以明之邪嗟乎易道深矣人更三聖世歷三古自商瞿授受以來緜緜延延以及於今日而爲七十子口說留一綫之傳者虞氏也近儒多病虞翻逸象太多取譬支離不知周易之象皆係假定當時本爲卜筮之用雖推之至萬可也乾爲天爲圜各係不過略引其端示人隅反耳虞氏精義專在消息豈以一端掩其大純哉微虞氏無以知消息微消息無以窺孔子之微言微言絕大義乖而易或幾乎息矣此余所以纘述此篇而不能不有餘痾也

易微卷第四終

史微卷第五

內篇

錢塘張采田孟劬撰

案春秋

春秋者諸經之總龜也春秋無諸經則前無所承諸經無春秋則後無所繼春秋者又我孔子受命之史也不讀諸經則不知先王創制前民之原不讀春秋則不知孔子制法後王之義春秋成而後人事浹王道備六藝燦然始可告備於天矣太史公有言余聞董生曰周道衰廢孔子爲司寇諸侯害之大夫壅之孔子知言之不用道之不行也是非二百四十年之中以爲天下儀表貶天子退諸侯討大夫以達王事而已惟其欲達王事

不能不託魯史以上操天子褒貶之權欲託魯史不能不先據百二十國寶書以明義例所謂文成數萬其旨數千者豈舊史之法所能盡其藴哉論衡曰孔子得史記以作春秋及其立義創意褒貶賞誅不復因史記者眇思自出於胷中也語曰予欲託之空言不如見之行事深切著明又曰其事則齊桓晉文其文則史其義則某竊取之是春秋一書與諸經皆出先王之舊典者固不同矣蓋詩書易禮者孔子未得天命之時緣領舊經以濟當時者也春秋者則孔子端門受命撥亂反正以教萬世者也當時褒貶損挹之文詞不可書見者口授弟子流傳於漢遂有公穀二家之學二家之學雖其淺深若不同科而同爲聖人口說之所寄則千載無異詞焉今以公羊傳

微之知春秋之例有七七者何曰三科曰九旨曰五始曰七等曰六輔曰二類曰七缺三科九旨者何氏曰新周故宋以春秋當新王此一科三旨也所見異詞所聞異詞所傳聞異詞此二科六旨也內其國而外諸夏內諸夏而外夷狄此三科九旨也宋氏曰三科者一曰張三世二曰存三統三曰異外內是三科也九旨者一曰時二曰月三曰日四曰王五曰天王六曰天子七曰譏八曰貶九曰絕時與日月詳略之旨也王與天王天子錄遠近親疏之旨也譏與貶絕輕重之旨也是九旨也五始者元年春王正月公卽位是也七等者州國民人名字子是也六輔者公輔天子卿輔公大夫輔卿士輔大夫京師輔君諸夏輔京師是也二類者人事與災異是也七缺也惠公妃匹不正隱桓之禍生是爲夫之道缺也文姜淫而害夫是爲婦之道缺也大夫無罪而致戮是爲君之道缺也臣而害上是爲臣之道缺也僖五年晉侯殺其世子申生襄二十六年宋公殺其世子痤殘虐枉殺其子是爲父之道缺文元年楚世子商臣弒其君髡襄三十年蔡世子般弒其君固是爲子之道缺也桓八年正月乙卯蒸桓十四年八月乙亥嘗僖三十一年夏四月四卜郊不從乃免牲猶三望是郊祀不修周公之禮缺也而大要則上繫萬物於一

而屬之元與周易乾元統天相表裏焉以儒家而兼道家所以多非常異義可怪之論歟至於穀梁則純據儒家義例以正褒貶者矣故先儒說穀梁曰平王東遷周室微弱天下板蕩王道盡矣夫子傷之乃作春秋所以明黜陟著勸戒成天下之事業定天下之邪正使夫善人勸焉淫人懼焉今觀其書尊王室正陵僭舉三綱提五常彰善癉惡無不深明乎君臣上下之分而以禮爲折衷與漢志所云儒家者流助人君順陰陽明教化之大義也（穀梁春秋儒家宗旨古人雖未言及然余考史漢太史公言鄒魯於儒蓋出於天性漢宣帝嘗問公穀異同於夏侯勝等對曰穀梁子魯學也公羊氏適齊學也謂之魯學非儒而何此亦足爲余說一證也）蓋孔子既代史官舊統尊號素王而以司徒之家法傳諸弟子七十子後學因

據孔子儒家之道闡發春秋而穀梁之書遂與公羊同垂天壤矣中庸曰道並行而不悖萬物並育而不相害二傳之謂歟是故同一鄭祭仲也公羊大之所以託仲示反經當合權也穀梁貶之所以假仲明尊君當抑臣也同一宋襄公也公羊進之所以明仁義無外之道也穀梁責之所以示禮愛反己之義也同一王正月也公羊曰大一統也而穀梁則曰謹始也同一大雨雪也穀梁曰志疏數也而公羊則曰記異也一則上明三王之道下辨人事之紀一則該二儀之化育贊人道之幽變有公羊而後王者尊天之誼明有穀梁而後儒者盡人之旨顯致廣大而盡精微極高明而道中庸我孔子應化無方之妙迹舍二傳

安見之哉嘗謂六經中相反相成之義極多蓋一言而前後左右皆無流弊雖聖人不能此所以治六藝者當統貫全經而尤必統貫羣經也苟能統貫羣經方知聖人之言簡嚴易直而天人備矣豈獨二傳然哉聊發其例於此雖然春秋魯史也二傳傳孔子口說者也口說行而本事隱不有素臣以賓附之則人將疑孔子僞造古史矣此左氏一書所以又繼二傳而作也問者曰左氏之有功於春秋何在乎曰左邱明魯太史也其傳專爲春秋本事而作也論本事而作傳不得不用魯國之舊史用魯國之舊史不得不備舊史之書例其備載舊史書例者所以具本事之始末耳余即其書考之大抵書之例有二不書之例亦有二書之例有他國之事書之者如平王崩赴以庚戌故書之是也有本國之事書之者如書曰公矢魚

於棠是也不書之例有他國之事不書者如紀人伐夷夷不告故不書是也有本國之事不書者如不書葬不成喪是也其書之例左氏各明其故如非禮也疾之也書始也書不時也之類是也其不書之例左氏亦各明其故如未王命故不書爵公不與小斂故不書日之類是也管仲曰諸侯之會其德刑禮義無國不記曹劌曰君舉必書書而不法後嗣何觀由是言之則左氏一書其發凡起例者無非當日載筆之舊章魯史之書法明而後魯史之本事亦因之而顯然矣觀漢志之於春秋也上云與左邱明觀其史記下云邱明恐弟子各安其意以失其眞則左傳即孔子所觀之史記可想而知其作傳也即載當日史記

之眞更可想而知若孔子受命垂教之微言既口授弟子不可以書見矣游夏之倫不能贊一詞邱明雖賢安得而知之然則謂左氏專傳孔子春秋之本事者是豈余之肊說哉而奈何好左氏者輒據天王狩於河陽之例謂其中書法皆受之於孔門左傳天王狩於河陽條曰仲尼曰以臣召君不可以訓故書曰天王狩於河陽言非其地也杜預據此遂以書曰爲仲尼新意考左傳一書惟此一條引孔子語然安知非孔子述舊史書法乎或曰太史公孔子世家亦言踐土之會實召周天子而春秋諱之曰天王狩於河陽推此類以繩當世貶損之義與左傳所述正同豈得謂邱明不受經於孔門哉不知太史公自據公羊之義爲言耳公羊天王狩於河陽條曰狩不書此何以書不與再致天子也是則此條祇可謂舊史與孔子口說偶合不得如杜氏等之讕言矣　而惡左氏者又據其處者爲劉氏之例謂其中書法皆劉歆所僞造不但二傳可束高閣而左傳亦且受誣千餘年

矣不知公穀守經左氏通史（本唐趙匡語）經以明義爲主史以紀事爲先論大義之傳左氏不及公穀論本事之眞公穀亦不及左氏（公穀所載事實雖據百二十國寶書然亦有傳聞之誤蓋所重在義而不在事也）自六藝遭刮語燒書之禍去聖彌遠觀聽不決三傳雖存卒無人別黑白而定一尊者鄭康成有言左氏善於禮公羊善於讖穀梁善於經范武子有言左氏艷而富其失也巫穀梁清而婉其失也短公羊辨而裁其失也俗劉知幾有言左氏之義有三長二傳之義有五短嗟乎此眞諺所謂西向而立不見東牆者矣三公皆通儒而猶爲此言宜緣隙奮筆者滋多於世也歟

彖禮

六藝遭秦火之禍經永嘉五胡之亂其篇帙尚留一綫之延者春秋而外禮經而已周官非孔子所手定孔子所手定者士禮十七篇漢興傳之高堂生高堂生傳之孟卿后蒼蒼傳之戴德戴德刪七十子後學所記爲八十五篇戴聖又刪大戴之記專取其闡發士禮者爲四十六篇而十七篇之口說始完備而無遺憾矣四十六篇中中庸是子思伋所作緇衣是公孫尼子所制王制是漢時博士所爲大抵皆孔子門徒共撰所聞後人通儒各有損益聖人定禮之口說幸而獲存者也鄭康成謂禮記後人所定據時而言或以諸侯同天子或以天子與諸侯等所施不同故難據此益爲漢時博士而發世儒過而信之誤矣六藝論稱大戴曰傳記而稱小戴則曰傳禮傳禮者卽指士禮而言也試取記與禮參之士禮有冠禮而戴記則有冠義篇士禮有昏禮而戴記則有昏義

篇上禮有鄉飲酒禮而戴記則有鄉飲酒義篇士禮有鄉射大射禮而戴記則有射義篇士禮有燕禮而戴記則有燕義篇士禮有聘禮而戴記則有聘義篇士禮有士喪既夕士虞禮而戴記則有曾子問雜記喪大記奔喪三年問篇士禮有特牲少牢禮而戴記則有郊特牲祭法祭統祭義篇士禮有喪服而戴記則有喪服小記服問喪服四制篇此皆專說十七篇之大義者也

小戴刪記四十六篇所以說士禮也而士禮十七篇又自有記喪服經則有記傳蓋七十子說經之所錄而高堂生以其口說著之竹帛者也士禮記傳鄭注皆略而未言賈公彥疏冠義曰凡言記者皆是記經不備兼記經外遠古之言鄭注燕禮云後世衰微幽厲尤甚禮樂之書稍稍廢棄蓋自爾之後有記乎喪服記子夏爲之作傳不應自造還自解之記當在子夏之前孔子之時未知定誰所錄疏喪服云傳曰者不知是誰人所作人皆云孔子之弟子卜商字子夏所爲案公羊傳是公羊高

所爲公羊高是子夏弟子公羊傳有云者何何以曷爲孰謂之等今此傳亦云者何何以孰謂曷爲等之問師徒相習語勢相遵以弟子郤本前師此傳得爲子夏所作是以師師相傳蓋不誣也余考冠義一篇即寫小戴之文記入詳略六藉多有而中引孔子曰則必非出於孔子之時至喪服傳直與公穀文體相類公穀至漢始著竹帛則此傳亦非子夏親作謂之子夏者師承講授溯其源流之所自耳然則附經諸記傳非高堂生相傳之口說而何高堂生之附記意主詮經之大制與小戴之刪記意主闡經之微言二者如驂之靳皆治禮之儒所不容軒輊者也若其通論諸禮者則又有二一曰通論禮之度數一曰通論禮之緣起通論度數者王制內則少儀等篇也通論緣起者玉藻大傳表記緇衣等篇也顯顯然使孔子爲後王手定之經與七十子後學傳授之微言歷千載尚可窺見焉豈非戴聖刪記之功哉且余嘗籀大戴記矣發明禮義者不過諸侯遷廟諸侯釁廟公冠武王踐阼保傅等數

篇而又多雜以天子制度與后氏欲推士禮致於天子之口說不符考小戴記中亦有涉及卿大夫之禮者不獨詳於士禮卽天子制度亦間載之學者多疑爲龐襍不知此皆文獻無徵僅存口說七十子後學本孔子雅言而發明其大義偶及制度不過藉以指證耳非與后倉家法相背也余著禮記鄭注箋已備言之始知戴德菁華已爲小戴采獲略盡矣隋志稱戴德删記爲八十五篇謂之大戴記戴聖又删大戴書爲四十六篇謂之小戴記今大戴禮現存三十九篇正得删餘之數然其書編次頗無倫貫如哀公問投壺本命篇多與小戴相出入而唐人義疏所引王度記辨名記禘于太廟諸篇反不在其內孔子三朝記七篇曾子十篇五帝德帝繫夏小正雖皆古哲遺書而實與禮無涉蓋戴聖删餘之駮書而後人又從而殽亂之耳是故儒者欲治禮不可不先通孔子所定士禮十七篇欲通士禮十七篇不可不先觀戴聖所删禮記四十六篇四十六篇之義明而後十七篇可得而治也郊特牲冠義一節孔疏云以儀禮有士冠禮正篇此說其義下篇有燕義昏義與此同鄉

飲酒義孔疏云儀禮有其事此記釋其義聘義孔疏云此篇總明聘義各顯聘禮之經於上以義釋之於下朱子謂儀禮爲經禮記爲傳亦此意何以言之昔者三代聖王之制禮也至周公攝政而大備王官失守淩夷以遠於春秋孔子定禮求夏殷之文獻而慨於杞宋之不足徵也不得已獨取周禮以爲世法焉故曰周監於二代郁郁乎文哉吾從周從周者謂從周揖讓升降之儀耳揖讓升降之儀莫詳於周禮則士禮十七篇是已雖然揖讓升降之儀禮之末節也非三代聖王制禮之本也於是又因周公舊典參諸二代以稽合其異同口授學者宣而明之而爲之傳是故士禮十七篇之大義莫詳於傳則戴記四十六篇是已史記孔子世家孔子之時周室微而禮樂廢詩書缺追迹三代之禮序書傳編次其事曰夏禮吾能言之杞不足徵也殷禮吾

能言之宋不足徵也足則吾能徵之矣觀殷夏所損益曰後雖百世可知也以一文一質周監二代郁郁乎文哉吾從周故書傳禮記自孔氏鄭志趙商問孔子稱吾學周禮今用之吾從周檀弓云今邱也殷人也兩楹奠殯哭師之處皆所法於殷禮未必由周而云吾從周者何也答曰今用之者魯與諸侯皆用周之禮法非專自施於己在宋冠章甫之冠在魯衣逢掖之衣何必純周云吾從周者言周禮法最備其爲殷周事豈一也是定禮初意本從參酌三代異同豈僅從周而已哉觀以文稱周厥有微詞今戴記所載口說多以夏殷二代禮相衡質文損益之間猶可想見其不列入正經者則以杞宋無徵故耳禮器

曰三代之禮一也民共由之或素或靑夏造殷因論語告子張亦曰殷因於夏禮所損益可知也周因於殷禮所損益可知也其或繼周者雖百世可知也是孔子定禮上承二帝三王之道通貫三統所以爲後王制法者固非辟儒所易窺測矣然不讀戴記四十六篇則所謂冠昏喪祭吉凶賓嘉諸大義又可憑肊

而知之乎如士冠之禮大節有三將冠筮日戒賓筮賓宿賓告期冠之日陳服一加緇布冠再加皮弁三加爵弁冠畢見母見兄弟贊者姑姊見君與卿大夫醴賓送賓歸俎皆禮之儀也而義寓焉義者何曰所以責成人之道也士昏之禮大節亦有三將昏納采問名納吉納徵請期昏之夕親迎成禮厥明婦見舅姑舅姑饗婦皆禮之儀也而義寓焉義者何曰所以厚男女之別也士喪之禮始死復魂有小斂之儀有大斂之儀有遷柩朝祖之儀有窆柩藏器之儀而義寓焉義者何曰節哀順變念始之者也饋食之禮將祭筮日有視濯視牲之儀有初獻亞獻之儀有選侑之儀有酢尸之儀而義寓焉義者何曰反古復始不

忘其所由生也推之鄉射禮之儀曰請射曰誘射耦射曰數獲曰旅酬曰坐燕徹俎而義寓焉義者何曰所以觀盛德也燕禮之儀曰告戒曰命賓曰主人獻卿大夫媵觶曰合樂旅酬而義寓焉義者何曰所以明貴賤也聘禮之儀始於受幣告禰入竟展幣致館設飧終於禮賓私覿而義寓焉義者何曰所以使諸侯相尊敬也覲禮之儀始於郊勞賜舍戒期受次終於行覲三享而義寓焉義者何曰所以明君臣之義也記有之曰禮之所尊尊其義也失其義陳其數祝史之事也故其數可陳也其義難知也知其義而敬守之天子之所以治天下也又曰協諸義而協則禮雖先王未之有可以義起也極之矣極之矣吾今讀

戴記而始見三代聖王制禮之苦心吾今讀戴記而始見我孔子制法後王之道一言以斷之曰禮其本矣禮貴義不貴數苟得其義則繁文縟節雖不具可也不得其義而惟數之是求則雖損之又損如何邵公冠儀約制亦恐有難行者矣又況宮室籩豆之制度古今異宜哉抱朴子曰冠婚飲射何煩碎之甚耶好古官長時或修之至乃講試累月猶有過誤而欲以此爲生民之常事至難行也余以爲可命精學治聞之士使删定三禮割棄不要炙其源流總合其事類集以相從務令約儉無令小碎條牒各別令易案用說雖甚精然自古至今未有遵而用之者可以思其故矣所惜者馬融鄭元阿好古文輒取月令明堂位樂記三篇附戴聖之篇章而去其敘略遂使小戴删記說禮之宗旨失傳盧植傳植上書曰臣少從通儒故南郡太守馬融受古學頗知今之禮記特多回冗臣前以周禮諸經發起粃謬敢率愚淺爲之解詁合尚書章句考禮記失得庶裁定聖典是當時言禮者混合家法多有此派此則楊終所譏章句之徒破壞大體者也嗚呼豈獨禮經

爲然也耶

案詩書

儒者莫不誦詩書抑知孔子何爲而删詩書也夫詩書之所起遠矣至孔子纂焉若如後儒讕言補苴掇拾此不過一鈔胥之勞耳曾謂素王受命垂教者而若是簡易哉余考尚書緯曰孔子求書得黄帝元孫帝魁之書迄於秦穆公凡三千二百四十篇斷遠取近定可以爲世法者百二十篇以百二篇爲尚書十八篇爲中候史記曰古者詩三千餘篇及至孔子去其重取可施於禮義上采契后稷中述殷周之盛至幽厲之缺始於衽席故曰關雎之亂以爲風始鹿鳴爲小雅始文王爲大雅始清廟

爲頌始三百五篇孔子皆弦歌之以求合韶武雅頌之音始知孔子之刪詩書也定書可以爲世法取詩可施於禮義不徒補苴掇拾而已也今之經口說多佚矣惟書序詩序尚存詩序陸璣疏云卜商所爲經典敘錄云或曰毛公作序隋志則云先儒相承謂之毛詩序子夏所創毛公及敬仲又加潤益而後漢書衞敬仲傳亦云宏從曼卿受學因作毛詩序善得風雅之旨於今傳於世據此則詩序毛公所述而衞宏續之其非七十子後學大義蓋可知矣坿之子夏者亦猶漢志所稱毛公之學自謂子夏所傳耳至書序馬鄭注皆云孔子所作漢志亦云凡百篇而爲之序言其作意是詩序出於後人而書序眞孔子之特筆

矣然考之伏傳舜典合於堯典益稷合於皐陶謨皆不與序相應伏生專傳口說則書序殆非孔子作也不觀逸周書乎逸周書者孔子斷書刪削之餘也今世所存逸周書七十篇序一篇與漢志周書七十一篇相合班固曰周史記師古注曰劉向云周時誥誓號令蓋孔子所論百篇之餘也而隋志別有周書十卷注曰汲冢書似仲尼刪書之餘後人多疑之豈周書自劉向校書之後即亡失至汲冢時又復出耶抑今書非隋志十卷之本耶案汲冢書目載於束皙傳杜預左傳後序亦無周書之名不知隋志何以繫諸汲冢要之今之逸周書無論其為汲冢書與否而為漢志所著錄之書則無疑也宋李巽巖考定最得實但謂篇目比漢闕一篇則殊不然蓋漢志並序數之耳後有周書序一篇與今書序體例正同使書序果出孔子何以刪餘之篇而亦從而作序哉彼序既非孔子所作則此序亦非孔子所作明矣且司馬遷書漢志謂其從安國問故多古文說今觀史記載堯典禹

貢洪範微子金縢諸篇皆用書序之言使書序果出孔子則當云多今文說不當云多古文說矣後儒有據此疑孔傳者不知孔傳非偽余前已辨之近更得一證漢書谷永傳永上封事引經曰亦惟先正克左右師古注周書君牙之辭也君牙乃孔傳之一篇不特伏生今文無之即馬鄭逸書亦無之孫星衍輩定爲枚頤僞造者而谷永於前漢時已見徵引則孔傳爲安國舊本益可定矣由是言之書序實舊史之文更無疑義不然豈以孔子垂世立教之書一無發明而專錄史臣緣起也惟其爲舊史古文故與詩序同爲孔氏之所傳而陸璣等因謂詩序子夏作劉歆漢志本劉歆七略而作馬融鄭元因謂書序孔子作耳此作如召穆公糾合宗族於宗周而作棠棣之詩及逸周書穆王作職方之作蓋述古亦可謂之作也聞嘗案之書序者國史錄書之義也詩序者太史采詩之義也皆非孔子刪詩書之義焉吾何以知其然

哉考孔子刪書百篇傳至伏生遭秦燔經抱其書藏之山中漢興亡數十篇獨得二十八篇泰誓後得爲二十九篇故當時學者謂尚書惟有二十八篇不知本有百篇又謂尚書二十九篇者法斗七宿也四七二十八篇其一曰斗矣是此二十九篇皆有師說者也書序百篇與孔壁古文同出於孔安國其後太史遷述史多見甄采而伏生傳孔子之口說不一及焉且序中如說作堯典作舜典作汨作九共及作泰誓等無一不本當日載筆紀纂之詞孔子取之不過略見造書張本耳豈非國史錄書之義乎至孔子刪書之大義則不然孔子大義莫備於伏傳傳載孔子之告子夏曰六誓可以觀義五誥可以觀仁甫刑可以

觀誠洪範可以觀度禹貢可以觀事臯陶謨可以觀治堯典可以觀美通斯七觀書之大義舉矣此數言者竊謂非孔子不能道非孔子相傳口說伏生亦不敢載劉彥和文心雕龍宗經篇曰皇世三墳帝代五典重以八索申以九邱歲歷緜曖條流紛糅自夫子刪述而大寶咸耀於是易張十翼書標七觀詩列四始禮正五經春秋五例義既極乎性情辭亦匠於文理觀其以七觀與十翼四始並稱可知七觀實自古相傳治尚書者之通例矣從其說以治尚書我孔子託始唐虞之際下述殷周之盛制法後王之苦心不亦思過半歟若夫詩序為太史采詩之義觀毛傳關睢一序其理自見詩序出於采詩之史則正經及變風變雅亦必史氏所題無疑康成稱孔子錄懿王夷王陳靈公詩謂之變風變雅者蓋孔子刪詩本太史之舊題因而用之耳非孔子未刪以

前無有變風變雅之名也變風變雅既皆取諸太史則詩之正經亦可推測而明矣詩序爲太史采詩之義者詎不信哉至於孔子删詩之大義則又不然孔子之删詩非修改一字一句蹈後儒選文家之陋習也歐陽修所謂篇删其章章删其句句删其字者最陋最無稽所謂删者筆削冠於史籍題目足以經邦發凡起例自具別裁以立一王之法如是而已劉知幾曰飾言者爲文編文者爲句句積而章立章章積而篇成篇目既分而一家之言備矣蓋古之明道者成一家之言必有一家著述之義例歸藏首坤連山首艮周易首乾坤孔子又爲序卦以明其相承受之義讀春秋者謂春秋據哀錄隱上治祖禰所以二百四十二年者取法十二公天數備足著治法式太史公自序其書曰王迹所興原始察終見盛觀衰論考之行事著十二本紀並時異世年差不明作十表禮樂損益律歷改易兵權山川鬼神天人之際承敝通變作八書二十八宿環北辰三十輻共一轂運行無窮輔拂股肱之臣配焉作三十世家扶義俶儻不令已失時立功

名於天下作七十列傳而許叔重演贊說文亦曰其建首也立一爲耑畢終於亥知化窮冥其後趙岐注孟子皇侃疏論語篇目之序次尤兢兢焉雖其說不無文飾然義例之學古人必有所受况六藝經孔氏要删者乎好學者幸深察之

如魯頌史克奚斯所作商頌正考父所校周頌周公攝政成王即位之初所奏小雅大雅周室居西都豐鎬之時所歌以及十二國風皆太師之舊第而孔子假之以見義爲有即題目以別之者孔沖遠說周頌曰雅不言周頌言周者以別商魯蓋孔子所加也何則孔子以前六詩並列故大師教六詩是六詩皆別題也書敘列虞夏商周書各爲一科當代異其第則詩本亦當代爲別商頌不與周頌相襍爲次第周詩雖六義並列要先風雅而後頌見事相因漸爲商頌不得在周頌之上閒廁之也國語曰

有正考甫者校商之名頌十二篇於周之太師以那爲首若在周詩之中則天下所共不須獨校於周之太師明不與周詩同處矣商既不褋於周不須有所分別則知孔子以前未題周也孔子論詩雅頌乃次魯商於下以示三代之法故魯譜曰孔子錄其詩之頌同之王者後商譜曰孔子錄詩列之以備三頌康成說詩時兼三家此義精深得孔子刪詩之大義蓋三家舊說也是商頌者孔子列之於詩末既有商魯頌題周以別之故知孔子加周也是其例也又有郎篇第以示之者齊詩說關雎曰周漸將衰康王晏起畢公喟然深思古道感彼關雎德不雙侶願得周公妃以窈窕防微漸諷諭君父孔子大之列冠篇首匡衡亦曰孔子論詩以關雎爲始言

太上者民之父母后夫人之行不侔乎天地則無以奉神靈之統而理萬物之宜故詩曰窈窕淑女君子好仇言能致其貞淑不貳其操情欲之感無介乎容儀晏私之意不形乎動靜夫然後可以配至尊而爲宗廟主此綱紀之首王教之端也是其例也皇侃說雅頌之得所曰雅頌是詩義之美者美者既正則餘者正可知也葉石林據左傳云季札觀樂以小雅爲周德之衰大雅爲文王之德小雅皆變雅大雅皆正雅楚莊王言武王克商作頌以時邁爲首而武次之賚爲第三桓爲第六以所作爲先後以此考之雅以正變爲大小頌以所作爲先後者詩未刪之序也論政事之廢興以所陳者爲大小推功德之形容而以所告者爲先後此刪詩之序也孔子刪詩之大義蓋如此故曰詩之爲學情性而已世有好學深思者本情性之旨推而大之以施於禮義其於垂世立教之誼庶有當乎要之六藝經孔子手定之後存

於世者惟詩書二經殘佚尤甚書遭秦火百篇不完然猶有今文二十九篇古文十六篇也及永嘉喪亂而歐陽夏侯之章句亡馬融鄭元所注之泰書古文亦亡齊詩亡於漢季魯詩亡於西晉韓詩亡於唐宋今僅書古文孔氏詩古文毛氏得立於學官韓詩外傳民閒尚有傳本而我孔子之大義與七十子相傳之口說葢皆失考已是豈秦人焚書之罪哉嗟乎揚五厄之灰刼延將喪於斯文小子檮昧懼非其人不能不有望於百世考文之聖也

三代以前學在官三代以後學在野學在官故重在政而於典章制度爲最備學在野故重在教而於微言大義爲獨詳

微言大義者聖人創造典章制度之所以然也此數篇雖從今文家言推闡孔子之微言七十子之大義然欲窮微言大義之根據仍須求諸古文惜古文諸經爲章句家變亂無以闚其奧藏之所在耳（近世講毛詩左傳周官小學者專搜瑣屑餖飣之語以炫其一孔之見祗可謂之考據家不得謂之古文家蓋古經雖存而古學之亡久矣）余別有專篇擧治之學者勿狃於一偏之說而於政教妄分優劣也孟劬自記

原緯

六藝之於天人也備矣其有非常異義可怪之論輔經而行者則緯學是也原夫緯之起也蓋王者神道設教之一端也昔者聖人受命必因積德累業豐功厚利誠著天地澤被生人萬物

之所歸往神明之所福饗則有天命之應龜龍銜負出於河洛以紀易代之徵易曰河出圖洛出書聖人則之其事蓋包乎政教典章之所不逮矣三五以降我孔子錄焉劉勰正緯篇曰昔康王河圖陳於東序故知前世符命歷代寶傳仲尼所撰序錄而已所以究極天人之故曉學者而達神恉也蘇竟與劉龔書曰孔邱祕經爲漢赤制元包幽室文隱事明禮記孔疏引鄭元釋三時田曰孔子雖有聖德不敢顯然改先王之法以教授於世若其所欲改陰書於緯藏之以傳後王王充論衡亦謂孔子周世多力之人也作春秋删五經祕書徵文無所不定此緯書出於孔子之確據也故六經口說七十子後學傳之未盡者緯書無不具之三科九旨等義則公羊春秋之所託始也春秋演孔圖曰公羊全孔經又說題辭曰傳我書者公羊高也可證公羊春秋爲孔子眞傳未可以詭誕病之五際六情等義則轅固詩傳之所從出也五行庶徵等義則夏侯洪範災異

之所根柢也中孚卦氣等義則孟喜易象消息之所折衷也聖人不空生必有所制以顯天心學者治經非通天地人則不能爲儒然則誦法六藝者安可不知緯學哉緯書好言推步占候之法不無荒謬然其精者自不可掩如說題辭曰易者氣之節含五精宣律歷上經象天下經汁歷文言立符象出期節象言變化繫設類迹尚書者二帝之迹三王之義所以推明其期運明授命之際書之言信而言天地之情帝王之功尚書凡百二篇第次委曲而不紊詩者天文之精星辰之度人心之操也在事爲詩未發爲謀恬淡爲心思慮爲志故詩之爲言志也禮者所以設容明天地之體也孝經者所以明君父之尊人道之素天地開闢皆在孝也又曰春秋經文備三聖之度孔子曰伏羲作八卦邱合而演其文讀而出其神作春秋以改亂制演孔圖曰孔子作法五經運之天地稽之圖象質於三王施於四海含神霧曰詩者天地之心君祖之德百福之宗萬物之戶也鉤命決曰孔子曰吾志在春秋行在孝經欲觀我褒貶諸侯之志在春秋崇人倫之行在孝經又曰孝經者篇題就號也所以表指括意序中書名出義見道自著一字包十八章爲天地喉襟道要德本也若此類者

皆我孔子刪定六藝之大義七十子後學之口說幸而獲存者漢世通儒無不深於緯學有以哉其詳別見余所著七緯甄微中

或曰緯學既原於孔子而何以通儒討覈謂起哀平也曰此蓋謂圖讖非謂緯也緯與圖讖相似而實不同圖讖襍後人坿益之譚案淮南說山云六畜生多耳目者不詳讖書著之劉安武帝時人則圖讖亦非起自哀平蓋後人坿益至哀平其學始盛耳・緯則我孔子微言大義多在焉後漢書桓譚傳帝方信讖多以決定嫌疑譚上疏曰凡人情忽於見事而貴於異聞觀先王之所記述咸以仁義正道爲本非有奇怪虛誕之事蓋天道性命聖人所難言自子貢以下不得而聞況後世淺儒能通之乎今諸巧慧小才技數之人增益圖書矯稱讖記以欺惑貪邪詿誤人主烏可不抑遠之哉其後有詔會議靈臺所處帝謂

譚曰吾欲讖決之何如譚默然良久曰臣不讀讖帝問其故譚
復極言讖之非經案鄭興傳帝嘗問興郊祀事曰吾欲以讖記斷之何如興對曰臣不爲讖帝怒曰卿之不
爲讖非之邪興惶恐曰臣於書有所未學而無所非也帝意乃解二事頗相類尹敏傳帝令尹敏校圖
讖敏對曰讖書非聖人所作其中多近鄙別字頗類世俗之辭
恐疑誤後生張衡傳自中興以後儒者爭學圖緯衡上疏曰克
言於前有徵於後謂之讖書自漢取秦莫或稱讖若夏侯勝眭
孟之徒以道術立名其所述著無讖一言夏侯勝眭孟皆善言災異洪範公羊與緯
書合者極多而猶謂無讖一言則緯與圖讖之分別益明矣劉向父子領校祕書閱定九流
亦無讖錄成哀之後乃始聞之殆必虛僞之徒以要世取資宜
收藏圖讖一禁絕之則朱紫無所眩典籍無瑕玷矣觀諸儒所

二七〇

論說咸以圖讖爲言而無一語及於緯者二者之異同豈不較然而定乎昔隋志敘錄讖緯十三部也曰孔子既敘六經以明天人之道知後世不能稽同其意故別立緯及讖以遺來世又曰河圖九篇洛書六篇自黃帝至周文王所受本文又別有三十篇云自初起至於孔子九聖之所增演以廣其意又曰七經緯三十六篇並孔子所作並前合爲八十一篇劉彥和曰有命自天迺稱符讖而八十一篇皆託於孔子則是堯造綠圖昌制丹書矣是自古舊說皆以此八十一篇屬之孔子也源流興廢之故可謂詳矣而緯與圖讖之區別已不能辨之志曰其書出於前漢又有尙書中候洛罪級五行傳詩推度災氾歷樞含神務孝經句命決援神契雜讖等書漢代有郄氏袁氏說漢末郎中郄萌集圖緯讖雜占爲五十篇謂之春秋災異宋均鄭元並爲讖律之注然其文辭淺俗顛倒舛謬不類聖人之旨相傳疑世人造爲之後或

者又加點竄非其實錄云云而不能明緯與讖之不同此亦師法失傳之一端也蓋自向歆司籍未經要刪隋志全本於七略別錄自向歆失論讖緯流別故隋志著錄遠不及諸子明備也俗儒趨時競尚古學緯書多與今文家口說相表裏漢季古文既行而其學始衰故隋志曰起王莽好符命光武以圖讖興遂盛行於世漢時又詔東平王蒼正五經章句皆命從讖俗儒趨時益爲其學篇卷第目轉加增廣言五經者皆憑讖爲說惟孔安國毛公王璜賈逵之徒獨非之相承以爲祅妄亂中庸之典故因漢魯恭王王河間獻王所得古文參而考之以成其義謂之古學當世之儒又非毀之竟不得行魏代王肅推引古學以難其義王弼杜預從而明之自是古學稍立至宋大明中始禁圖讖梁天監已後又重其制及高祖受禪禁之踰切煬帝卽位乃發使四出搜天下書籍與讖緯相涉者皆焚之爲吏所糾者至死自是無復其學觀志敘讖緯中廢之故而推原於古學之立好學者可以心知其意矣舊史既合於經而緯書遂混於讖圖讖一學盛於後漢史傳中所載如蔡少公頗學圖讖楊厚祖父春卿善圖讖學臨命戒子統曰吾綈袠中有先祖所傳祕記爲漢家用爾其修之統感父遺言辭家從犍爲周循學習先法又就同郡鄭伯山受河洛書及天文推步

之術作家法章句及內讖二卷解說翟酺好老子尤善圖讖天文歷算箸援神鉤命解詁十二篇劉瑜少好經學尤善圖讖天文歷算之術皆指讖而言非緯也西京惟李尋說王根言五經六緯尊術顯士圖讖不少概見豈非東漢緯混於讖之證哉故彥和曰眞雖存矣僞亦憑焉此之謂也

故雖以荀仲豫之好學始則疑其非聖而終則惜其襍眞荀悅申鑒俗嫌篇曰世稱緯書仲尼之作也臣悅叔父故司空爽辨之蓋發其僞也有起於中興之前終張之徒之作乎或曰襍曰以已襍仲尼乎以仲尼襍已乎若彼者以仲尼襍已而已然則可謂八十一首非仲尼之作矣或曰燔諸曰仲尼之作則否有取焉則可易其燔以劉彥和之博識譏其無益於經典而取其有助於文章說見正緯篇篇中雖謂按經驗緯其僞有四然所指皆係圖讖附益之謬覩其後云東序祕寶朱紫亂矣則劉氏意在去僞存眞固未嘗肆言曲詆也與劉子元惑經疑古不同學者不可不知觀聽不決多隨二創咸陽之火再作而聖人希天之業荒矣讖緯自大業焚燒眞僞俱盡今之所輯皆灰燼之餘者也歐陽修嘗上書欲取九經之疏刪去讖緯之文使學者不爲怪異之言惑亂幸而此

舉不行倘其事果行我孔子之口說尚能留傳至今日邪嗟乎吾安得起翼奉郞顗諸人於九原而一商榷內學之得失哉

原小學

昔班孟堅志藝文也敘小學十家於六藝之後敢問小學何自始乎曰六藝皆古史也小學者史之原也古者庖犧氏之王天下也仰則觀象於天俯則觀法於地觀鳥獸之文與地之宜近取諸身遠取諸物於是始作易八卦以垂憲象八卦者實庖犧氏之先文耳及神農氏結繩爲治而統其事庶業其緐飾僞萌生黃帝之史蒼頡見鳥獸蹏迒之跡知分理之可相別異也初造書契百工以乂萬品以察蓋取諸夬夬揚於王庭言文者宣

敎明化於王者朝廷君子所以施祿及下居德則忌也是則小學之所起葢爲史官著記之用矣史記事者也事之大者無過政令故淮南曰蒼頡之初作書以辯治百官領理萬事愚者得以不忘智者得以志遠此小學緣起也許叔重曰蒼頡之初作書依類象形謂之文其後形聲相益卽謂之字字者言孳乳而浸多也葢小學本爲史官著記之用其後王者政敎日廣著記日繁史文不足以取給則引申其字以用之而六書由此其選爲六書之義莫備於周禮周禮八歲入小學保氏敎國子先以六書一曰指事指事者視而可識察而可見上下是也二曰象形象形者畫成其物隨體詰詘日月是也三曰諧聲諧聲者以事爲名取譬相成江河是也四曰會意會意者比類合誼以見指

撝武信是也五曰轉注轉注者建類一首同意相受考老是也

六曰假借假借者本無其字依聲託事令長是也鄭司農注周禮曰六書象形會意轉注處事假借諧聲漢志曰象形象事象意象聲轉注假借皆與說文先後有異說文爲專釋文字之書序次尤爲倫貫今依之

曰指事曰象形此初造書契之本義也曰諧聲曰會意則因初造之字而推廣之者也曰轉注曰假借則又因推廣之字而致之實用者也聲音孕言語言語孕文字文字初效言語立符號而以聲緯之太始創字但有象形指事其後形與事不能槩則有諧聲會意一字意同而聲相轉則變其形以表之故曰轉注意不同形不變但因聲以託其事則曰假借六書之說惟轉注最歧孫涵徐鍇諸說既不可用戴東原始曰轉相爲注猶互相爲訓一字具數用者爲假借數字共一用者爲轉注江叔澐則曰轉注統於意立老字爲部首郎所謂建類一首考與老同意故受老字而從老省凡合兩字以成一誼者爲會意取一意以槩數字者爲轉注此皆以義訓轉注而遺形聲至朱駿聲又以引申說轉注而轉注之義愈殽不知轉

注假借二用古人所以輔六書之窮而節其變者也假借誤則指事與諧聲廢轉注誤則象形與會意廢昧蒼頡造字之原素保氏敎胄子之序胥失之矣而要其始則皆以扶濟史文之不足也故六書之用於小學爲最大小學之用於史爲最大史之最古者惟六藝故治六藝者莫不通小學昔者許叔重之著說文解字也嘗有意究其原矣既取九千文分別部居又引古文易孟氏許書未嘗不引齊韓詩公羊春秋今文禮而稽合古籀則必以科斗文爲定所以別於隸也孟氏易非古文疑字誤書孔氏詩毛氏禮周官春秋左氏論語孝經以說之而其言曰文字者經藝之本王政之始前人所以垂後後人所以識古故曰本立而道生知天下之至賾而不可亂也誠哉其迴所先務已學者苟能遵修舊文而不穿鑿演贊其志以究萬原其埤於六藝豈淺

鮮耶雖然許叔重欲人通經先由於識字許沖上說文表曰臣父故太尉南閤祭酒慎本從逵受古學蓋聖人不妄作皆有依據今五經之道昭炳光明而文字者其本所由生恐巧說衺辭使學者疑慎博問通人考之於逵作說文解字六藝羣書之詁皆訓其意是許君廣業甄微實重在經誼也而今之爲許學者則又專取字以詁經本末倒置此則許君所不及料也夫六藝資於竹帛不能離字固也然必積字以成句積句以成篇篇句備而後大義寓焉論衡曰經之有篇也猶有章句也有章句猶有文字也文字有意以立句句有數以連章章有體以成篇篇則章句之大者也大義者何先王經緯天地之道而我孔子刪述以教萬世之微指也今不講求六藝之大義而惟以便詞巧說破壞形體爲功甚者說一字之文至於數萬言若然則聖人當日何不別著一書如呂忱字林顧野王玉篇以代六藝豈不

尤便後學哉且古人專說六藝之訓詁者蓋嘗有其書矣今之
爾雅是也釋詁一篇或謂周公所造釋言以下或謂仲尼所增
子夏所足叔孫通所益梁文所補雖先師口傳疑莫能明然三
朝記孔子對哀公曰爾雅以觀於古足以辯言矣而春秋元命
包亦載子夏以初哉首基爲問則其書必出孔子之前解家所
說固未盡無稽也其書所釋訓詁大抵詩書二經爲多郭璞曰
爾雅者所以通訓詁之指歸敘詩人之興詠揔絕代之離詞辯
同實而殊號者也劉彥和曰爾雅者孔徒之所纂而詩書之襟
帶也蓋尙書讀應爾雅詩則多識於草木鳥獸之名不解古今
語則大義不可得而知故古人專著一書以發明之鄭康成駁五經異義

曰爾雅者孔子門人所作以釋六藝之言案爾雅雖統釋六藝而獨詳於詩書二經者葢古人教弟子詩書執禮春誦夏絃二經尤學僮之先務也學記曰一年視離經辨志論語曰弟子行有餘力則以學文而漢律亦曰學僮十七已上始試諷籀書九千字乃得爲吏又以八體試之是可見六書訓詁爲治六藝者所當先而六藝之大義非盡於六書訓詁也乃六書訓詁古人以之教弟子而今之通儒則以之解六藝古人童而習之今則白首於爾雅說文之書而不能明其說其亦可以已乎或曰信如子言是訓詁在所緩矣而何以馬鄭諸大儒傳注六藝必於此斷斷也曰此不可一概論也六藝之傳於漢者有兩派一曰今文一曰古文今文者七十子後學口耳相傳漢初經師始著竹帛者也

故往往以通俗引申之義易故書取便屬讀而已如公羊子齊人也則多齊言論語魯傳也則多魯讀若此類者傳道解詁但通其大義足矣至於古文則不然古文皆先王之舊籍既無相傳之口說而又多古言古字非訓詁不足以正之此馬鄭諸大儒所以不敢以嚮壁虛造之俗書說經也蓋古文史也訓詁史之原也所惡乎訓詁者謂其專己守殘迷不知門戶耳若因訓詁而上溯古史之原此正許叔重所稱理羣類解繆誤曉學者達神恉者也又何惡於訓詁而痛絕之哉故曰夫言豈一端而已亦各有所當也此之謂已

經翼

昔我孔子既纂定六經以儒家上承史氏之統而又手授孝經以配之七十二弟子又襍紀孔子言行爲論語一書以羽翼之班固敘書遂以孝經論語二家敬殿六藝之末簡其尊聖也可謂懿矣班固不以孝經論語入儒家而列諸六藝之後者蓋以孝經爲孔子所自著論語則專紀孔子之言行坿庸六藝所以尊聖言也而實則二書皆儒家之根源學者不可不辨或謂孝經爲曾子以後支流苗裔之書非孔子所作若然則班氏當歸之諸子今不歸諸子則其爲孔子所作明矣劉炫嘗辨之惟謂孔子假設曾子問答與古義不合耳余考呂氏春秋察微篇引孝經曰高而不危所以長守貴也滿而不溢所以長守富也富貴不離其身然後能保其社稷而和其民人楚不能之也可見孝經爲孔子所自著故不韋得以引之與論語之名定於扶卿者不同黄東發謂孝經爲古書蓋得其實矣敢問孝經論語固若是班乎曰六經者孔子合儒道兩家之統而爲後王立法之書也孝經論語者則孔子以儒家嗣緒寄諸弟子

之書也二者淺深固不同科矣雖然欲治六經不可不自孝經論語始蓋六經爲萬世之敎書而孝經則敎之所由生也論語首言學學也者又漢志所謂遊文於六經之中留意於仁義之際者也白虎通說孝經論語曰已作春秋復作孝經何欲專制正於孝經何夫孝者自天子下至庶人上下通孝經者夫制作禮樂仁之本聖人道德已備弟子所以復記論語何見夫子遺事異變出之號令足法此漢儒論孝經論語最古者也今觀孝經稱詩者十稱書者一而尤莫詳於禮其曰孝莫大於嚴父嚴父莫大於配天又曰敎民親愛莫善於孝敎民禮順莫善於悌移風易俗莫善於樂安上治民莫善於禮又曰禮者敬而已矣故敬其父則子悅敬其兄則弟悅敬其君則臣悅敬一人而千萬人悅所敬者寡而悅者眾此之謂要道又曰孝子之

喪親也哭不偯禮無容言不文服美不安聞樂不樂食甘不甘爲之棺槨衣衾而舉之陳其簠簋而哀慼之擗踊哭泣哀以送之卜其宅兆而安措之爲之宗廟以鬼享之春秋祭祀以時思之若此類者皆十七篇之精義也至於論語二十篇則又所謂子所雅言者也故言詩則樂而不淫哀而不傷蔽之以無邪邇之事父遠之事君終之以多識如切如磋美子貢以言詩周南召南詔伯魚以學詩風詩之旨孰有大於此者乎言禮則純儉上泰有從衆從下之分君子野人有先進後進之歎大林放之問禮則喪與其戚哀魯國之非禮則禘不欲觀禮經之旨孰有大於此者乎言易則不恆其德或承之羞所以示寡過之要言

書則孝于惟孝友于兄弟所以示施政之規六爻之制用前民百篇之垂世立教又孰有大於此者乎由是論之孝經論語眞學六經者之樞戶也故鄭康成六藝論曰孔子以六藝題目不同指意殊別恐道離散後世莫知根源故作孝經以總會之明其枝流雖分本萌於孝者也趙邠卿序孟子亦曰七十子之疇會集夫子所言以爲論語論語者五經之錧鎋六藝之喉衿也豈不然哉豈不然哉或曰孝經論語爲治六經者所當先固也雖然孝經詳於詩書禮而略於春秋與易論語詳於詩書禮易而略於春秋若是則六經之道爲不備矣意者弟子紀錄有所闕歟抑別有深意歟曰此孝經論語之所以爲儒家也何以言

之儒家宗旨佐人君順陰陽明教化之術而非君人南面之術六經雖皆治天下之具而易爲言天之書春秋爲盡人希天之書儒家者流蓋不足以盡之矣故子貢曰夫子之文章可得而聞也夫子之言性與天道不可得而聞也太史公亦曰孔子在位聽訟文詞有可與人共者弗獨有也至於爲春秋筆則筆削則削子夏之徒不能贊一辭豈非以二經皆素王受命之極致而非七十子後學所得預聞者乎儒者誦法六藝所以佐人君明教化也佐人君明教化固不可不通君人南面之術故劉向謂荀卿善爲詩禮易春秋趙岐亦謂孟子通五經而七篇中論春秋者尤眾是七十子後學并不預聞春秋與易而必恪遵儒氏家法者蓋不敢以儒者不素王之道僭擬孔子耳儒道兩家之異撰以此辨之能深究六經之大義微言輒以孝經論語謂足盡孔子之道欲

以尊孔子而不知適以卑孔子此其故皆由不識孝經論語爲孔子以儒家嗣緒寄諸弟子之書也何以見孝經論語爲孔子以儒家嗣緒寄諸弟子耶考孝經之要在始於事親中於事君終於立身論語之要在始於勸學中於從政終於知命常教則文行忠信罕言則利命與仁正莊生所謂下之所以事上非上之所以畜下也若孔子之道則不然矣孔子之道莫備於中庸中庸所稱祖述堯舜憲章文武盡人物之性以參贊天地之化育者皆合儒家道家之統而一以貫之者也（中庸者子思贊聖之書也後世欲考孔道之眞惟有此篇故太史公於孔子世家特箸之曰子思作中庸漢志亦有中庸說二篇別著錄於百三十一篇之外則當日中庸固單行也自小戴入諸禮記中儒者遂與坊記大學緇衣同類而視之非其質矣）孝經論語烏足以

言之故謂孝經爲六藝之總會則可謂孔子六藝之道盡於孝經則不可謂論語爲五經之錧鎋則可謂孔子五經之道盡於論語則不可善夫劉向之說論語曰孔子弟子記諸善言也班固之說孝經曰孔子爲曾子陳孝道也明乎大聖人應機作教事無常準也然則二書爲儒家嗣緒而孔子傳諸其徒者不亦較然明白歟語曰羣言淆亂折諸聖能折諸聖而後可以論六藝諸子之流別矣故竊取斯義以作此篇其爾雅已見小學家語爲後人所纂輯如辟雍集語之類今皆不及之云家語據後序蓋孔安國所輯而王肅增益者卽後來集語諸書之濫觴非僞書也故馬昭祗謂家語爲王肅所增加而不謂爲王肅所僞造雖非漢志二十七卷之書而二十七卷之文疑亦有在今本之內者安得以贗鼎廢哉家語今旣不論故附訂之於此

附今古文答問

問者曰子謂今文爲孔氏說經之書古文爲舊史說經之書甚矣子之好辨也雖然論語孝經非出於孔氏者乎而漢志有論語古二十一篇如淳曰分堯曰篇後子張問何如可以從政已下爲篇名曰從政論衡曰論語者弟子共紀孔子之言行勅己之時甚多數十百篇漢興失亡至武帝發取孔子壁中古文得二十一篇齊魯二河閒九篇三十篇至昭帝女讀二十一篇宣帝下太常博士時尚稱書難曉名之曰傳後更隸寫以傳誦初孔子孫孔安國以敎魯人扶卿始曰論語今時稱論語二十篇又失齊魯河閒九篇本三十篇分布亡失或二十一篇目或多或少文讀或是或誤何晏集解序曰漢中壘校尉劉向言魯論語二十篇太子太傅夏侯勝前將軍蕭望之丞相韋賢及子玄成等傳之齊論語二十二篇其二十篇中章句頗多於魯論瑯琊王卿及膠東庸生昌邑中尉王吉皆以敎授之故有魯論有齊論魯恭王時嘗欲以孔子宅爲宮壞得古文論語齊論有

問王知道多於魯論二篇古論亦無此二篇分堯曰下章子張問以爲一篇有兩子張凡二十一篇篇次不與齊魯論同蓋西漢傳經者崇家法重口說學既異師則經即異本非必大義有殊也故皇侃曰尋當昔撰錄之時豈有三本之別將是編簡缺落口傳不同耳斯言諒矣

有孝經古孔氏一篇劉向曰庶人章分爲二曾子敢問章爲三又多一章凡二十二章

漢志說孝經曰漢興長孫氏博士江翁少府后蒼諫大夫翼奉安昌侯張禹傳之經文皆同惟孔氏壁中古文爲異父母生之續莫大焉故親生之膝下諸家說不安處古文字讀皆異許沖上其父愼說文表曰愼又學孝經孔氏古文說古文孝經者孝昭帝時魯國三老所獻建武時給事中議郎衛宏所校皆口傳官無其說謹撰具一篇并上蓋孝經古文其初出於孔壁至昭帝時始入祕府也陸德明釋文序錄曰孝經者孔子爲弟子曾參說孝道因明天子庶人五等之孝事親之法亦遭焚燼河間人顏芝爲秦禁藏之漢氏尊學芝子貞出之是爲今文長孫氏博士江翁少府后蒼諫大夫翼奉安昌侯張禹傳之各自名家凡十八章又有古文出於孔氏壁中別有閨門一章自餘分析十八章總爲二十二章孔安國作傳劉向校書定爲十八所述

孝經源流較漢志爲詳惟今世所行孔傳鄭註之眞贋尚待考證耳據此則孔氏之書未嘗無古文也周禮非出於舊史者乎而賈公彥疏云鄭注周禮時有數本劉向未校之前或在山巖石室有古文考校後爲今文古今不同鄭據今文注故云故書據此則舊史之書亦未嘗無今文也且古文既爲舊史矣而漢志云劉向以中古文易經校施孟梁邱經或脫去無咎悔亡惟費氏經與古文同又云劉向以中古文校歐陽大小夏侯三家經文酒誥脫簡一召誥脫簡二率簡二十五字者脫亦二十五字簡二十二字者脫亦二十二字文字異者七百有餘脫字數十據此則舊史之外又有所謂中古文也夫論語孝經今文也而何以

有古文周禮古文也而何以有今文既有古文而何以又有中古文凡此數說皆與子言不容兩立者也將毋持之有故而言之不能成理歟抑故爲奇袤之譚以佐其辨歟願聞所以斅之之說答之曰今古文之淆亂至今數千餘年而未有定論矣微特吾子疑之余亦疑之雖然此皆後儒不善讀古書之過耳試爲吾子略言其槪焉今古文者蓋因文字之異同而用以分別其家派之稱也其始我孔子之口說相傳至漢遭秦焚書諸經多失其本弟子恐其久而差也先著竹帛以隸寫之故謂爲今文（近人謂漢初無今文之名祇有齊學魯學而已不知今文之名因古文而後立者也僅以齊魯分配有通局之判矣且如春秋有騶氏夾氏易有京氏高氏詩有韓氏又何以區之至謂魯學較篤

實齋學稍浮夸此則考據家常談六藝學貫天人兼備儒道二統固非瞀儒所知也孝武之世魯共王壞孔子宅得左傳尚書禮記論語孝經凡數十篇

漢志孔壁中書不言有左傳惟孔安國書序云於壁中得先人所藏虞夏商周之書及左傳論語孝經皆科斗文字論衡亦云春秋左氏傳者蓋出孔子壁中孝武皇帝時魯共王壞孔子教授堂得佚春秋三十篇左氏傳也則有左傳明矣可補漢志所未備説文敘錄北平侯張蒼獻春秋左氏傳此即所謂中古文未嘗傳於民間別錄敘左傳云荀卿授陽武張蒼蒼授洛陽賈誼益口授者其傳義耳觀賈誼新書述左氏事止禮容篇叔孫昭子一條先醒篇言宋昭公出亡而復位號君出走其御進酒食及枕土而死耳痺篇言子胥何籠而自投於江諭誠篇言楚昭王以當房之德復國皆不合左傳審微篇言晉文公請隧叔孫于奚救孫桓子春秋篇言衞懿公喜鶴而亡其國先醒篇言楚莊王與晉人戰於兩棠會諸侯於漢陽申天子之禁皆與左傳異同亦可證當時經之授受不盡著竹帛矣

而周官亦出於山巖石室皆蝌蚪文也故謂爲古文此古今文之名由文字異同而起者也

其後說經之義漸殊不惟文字有異同而已於是又因文字之名以分別其家派焉治今文經者則稱爲今文家學治古文經者則稱爲古文家學如五經異義所載古周官說古左氏說今公羊穀梁說之類譬猶不識其人而執其姓氏別號以定其面貌耳故今古文有兩義焉有文字不同而義亦異者則春秋之三傳詩之四家禮之士禮十七篇明堂陰陽易之田何費高書之伏生孔安國杜林皆是也有文字不同而義不異者則吾予所稱古文論語孝經及今文周官禮是也文字不同而義亦異則古人不獨謂之今文古文而必以古學今學別之如范蔚宗曰中興之後賈逵李育范升陳元之

徒爭論古今學何休曰治古學貴文章謂之俗儒者是其證也文字不同而義不異則古人亦不徑謂之今文古文而必以古字故書別之如劉向稱古孝經曰古文字也鄭康成注周禮曰故書作某者是其證也由是觀之則孔氏說經之書雖未嘗無古文而不害其爲今文家學譜史說經之書雖未嘗無今文而不害其爲古文家學二者之辨不益彰明較著乎至於古文雖屬譜史舊史之書亦有數派中古文者中閟所藏以別於民間耳近代龔定庵不信中古文列十二疑以闕之且謂劉歆所僞託其言最爲無據龔氏之言曰中祕既有五經獨易書孝其三經何以茂闕不知漢志之著易書者蓋因其有異同而類言之其三經無異同則不著也漢志爲辨章源流而作安得獨詳中古文哉龔氏又謂假使中祕有尚書何必遣晁錯往伏生所受二十九

篇不應孔安國獻孔壁書始知增多十六篇此又與兒童之見無異何則古書篇篇皆單行司馬遷讀山高乘馬貨公獻周官大司樂章光武賜竇融五宗世家誠證非一至劉向校書始最錄之然觀向敘錄每篇必具所出有大中大夫卜圭書有太史書有射聲校尉立書則中古文安知非裁篇別出之本哉其餘所列諸疑大抵類此皆肌說也學者細考漢書自能別之今不悉辨蓋亦專指文字異同而言與余所謂文字不同而義亦異者固不可相提而並論矣余書中所稱古文今文皆指古學今學而言所以不日古學今學者沿舊稱使人易曉也讀者不可不知又安得據偏詞孤證而欲平反千古之成讞哉要之今古文者後世說經家一大聚訟也其不知今古文者無論矣其知今古文者亦不過謂文字之有異同略如校勘家所稱之今本古本耳而無一人深究其旨意之各別焉知二五而昧一十此所以顛倒五經毀師法使聖

人垂世不刊之書愈講而愈晦也

史徵卷第五終

史微卷第六

多伽羅香館叢書第一種

內篇

錢塘張采田孟劬撰

博觀

余讀漢藝文志歎聖人治天下之勤而慮後世之遠也昔者聖人仰觀象於天俯觀法於地近取諸身遠取諸物於是爲之易以道陰陽所以通神明之德類萬物之情也爲之書以道事所以恢宏至道示人主以軌範也爲之詩以道志所以觀風俗知得失自考正也爲之禮以道行所以辨上下定民志也爲之樂以道和所以致神祇和邦國諧百姓安賓客悅遠人也爲之春秋以道名分所以慎言行昭法戒也經世大法可謂備哉燦爛

矣而猶恐後王昧於君人南面之術也於是爲之史官以歷記
成敗存亡禍福古今之道使知秉要執本焉而道家之學興矣
恐聖人之敎不能家至而戶說也爲之司徒之官以助人君順
陰陽明敎化焉而儒家之學興矣恐民之或有淫慝不軌也爲
之理官以輔禮制焉而法家之學興矣恐名不正則言不順也
爲之禮官以正百物敘尊卑列貴賤焉而名家之學興矣恐使
於四方不能專對也爲之行人之官以明辯說善詞令焉而從
橫家之學興矣恐祭祀鬼神不享也爲之淸廟之守以強本節
用焉而墨家之學興矣恐王治之不能貫也爲之議官以論道
經邦焉而襍家之學興矣恐日月星辰之或愆也爲之羲和之

官以敬授民時爲而陰陽家之學興矣恐稼穡之不勤也爲之農稷之官以播百穀足衣食爲而農家之學興矣恐風俗之不能周知也爲之稗官以道方慝詔辟忌爲而小說家之學興矣恐文德不足以靖邦國也爲之司馬之官以禁暴亂爲而兵家之學興矣恐人生不免於疾病也爲之醫官以調百藥理箴石爲而方技家之學興矣漢志載諸子皆曰某家者流蓋出於某官家家學流流衍蓋出於某官溯其原也其原雖出於官守而流衍以成一家之學則又非官守所能囿故文中不徑謂某官爲某家者遵漢志也荀卿有言欲觀聖王之迹則於其粲然者矣今六藝諸子也一則詳歷代之憲章一則備專官之典守合之損益可通百世分之學術自具專家非所謂聖王之粲然者邪蓋王者之治天下也於天

下不能遺一事卽於天下不能廢一學故設官分職若斯之詳也乃後之讀諸子者吾惑焉謂道家蔑禮放蕩而君人南面之術則不知也謂法家慘刻少恩而先王所以明罰飭法者則不知也謂名家虛誕害道而古人控名責實無相僭濫者則不知也謂墨家兼愛無父而祝史致敬鬼神之義則不知也謂縱橫家傾危覆邦而行人所以權事制宜者則不知也謂雜家駁糅不純而議官本兼儒墨合名法者則不知也謂小說家顚倒是非而王者以此周知風俗者則不知也謂兵家詭道謂農家鄙事而先王爲民足兵足食者則不知也謂曾子褊迫謂荀子小疵而儒家中同門異戶者則又不知也媒媒晦晦抱一先生之

言以爲如此則可以治天下矣信如斯言則聖人當日何不專設一官以統治百官之事乎且不特諸子爲然也余觀後之讀六藝者其惑更甚於諸子焉同一春秋也治公穀者謂左氏爲僞治左氏者謂公穀爲非同一詩也信傳義則攻小序守毛公則譏三家同一書也古文則宗杜林而黜安國今文則疑司馬而信伏生同一易也孟喜與虞翻異義遂因孟而疑虞鄭元與王弼互非反因王而廢鄭一經之中已不勝其分茅而設蕝矣然猶可曰經各爲說也至於六藝爲書皆先王經世之要典而亦有創爲讀易如無書讀書如無詩者於是專守論孟學庸爲教授而五經俱束高閣矣論衡曰章句之生不覽古今論事不實或以說一經爲是何須博覽夫孔

子之門講習五經五經皆習庶幾之才也豈徒一經哉我不能
博五經又不能博衆事守信一學不好廣觀無温故知新之明
而有守愚不覽之闇其謂一經是者
其宜也是東漢俗儒風氣已如此信如斯言則孔子當日何
不獨治一經而必刪詩書定禮樂贊周易修春秋若是之不憚
煩耶淮南泰族曰六藝異科而皆同道温惠柔良者詩之風也
湻龐敦厚者書之教也清明條達者易之義也恭儉尊讓者禮
之爲也寬裕簡易者樂之化也刺譏辯義者春秋之靡也故易
之失鬼樂之失淫詩之失愚書之失拘禮之失忮春秋之失訾
六者聖人兼用而財制之失本則亂得本則治其善在調其失
在權又齊俗曰百家之言指奏相反其合道一體也譬若絲竹
金石之會樂同也此可見六藝諸子爲治之具固殊途而同歸

矣然則讀六藝諸子之道當奈何曰博觀博觀則知諸子皆古人官守之遺而一家不容偏廢也博觀則知六藝皆古人經濟之跡而一經不能棄遺也如此尙何有於黨同門而妒道眞哉顏淵曰博我以文孟子曰博學而詳說之則博觀之謂也

祖道

百家者六藝之支與流裔也六藝本古史史之大宗屬道家荀子解蔽篇引虞書人心之危道心之微謂之道經通卦驗述費易之后曰孔演命明道經可證六藝皆道家之舊籍故百家莫不祖史而以道爲之原昔者黃帝正名百物得君人南面之術百官以察萬民以治首立史官於是乎有六藝道家守之以進退百家百家稟道家以修其職如衆星之拱北辰也太史

談論六家要指曰道家使人精神專一動合無形贍足萬物其爲術也因陰陽之大順采儒墨之善撮名法之要與時遷移應物變化立俗施事無所不宜指是以言道家實已兼百家之所長矣故百家皆上承道家以爲出治之本此三代政教所由備哉燦爛歟試取諸子觀之尚可考見與道相通之義焉儒家者流出於司徒助人君順陰陽明教化者也仁義禮智不能獨用必資道以用之（本王弼注老子義）故曰聖人者道之管也天下之道管是矣又曰夫道若大路然所謂道者皆指一陰一陽之道而言豈非萬物之奧聖人之至賾範圍天下而不過曲成萬物而不遺黃帝堯舜禹湯文武所經營仲尼所祖述雖百王無易者哉

此儒之通於道家矣道猶路也謂人類競生所由之路也人受天地之中以生即具惻隱羞惡辭讓是非四端之性四端者天命之以自衛而競生以存於此世者也雖然人類由競生而存而競生之極人人有自私自利之心則反不足以圖存聖人於是本天所命以自衛者使之推類以及乎其羣曰如此則謂之善善者宜也不如此而侵人以厚已則謂之惡惡者過也而仁義禮智之名立矣故仁義禮智皆道之散見而異名者也而其始實出衛道而創立老子曰大道廢有仁義慧智出有大偽六親不和有孝慈國家昏亂有忠臣失道而後德失德而後仁失仁而後義失義而後禮非誣仁義禮智蓋深歎大道不能元同耳故又曰道可道非常道名可名非常名謂道之可以名定者必非常久不變之道譬諸水然道星宿海也仁義禮智江河四瀆也星宿萬古不竭江河四瀆隨地遷徙然豈有二水哉中庸曰道不可須臾離也可離非道也使仁義禮智而非道是可離矣儒道異同之辨在此智者請深觀之申不害韓非慎到法家也司馬遷稱申子之學本黃老而主刑名稱韓非喜刑名法術之學而其歸本於黃老稱慎到學黃老道德之術發明序其指意今雖

申子久佚慎子不完而韓非著書不有解老喻老篇乎其解老喻老二篇大抵本明法要術引繩墨切事情明是非以原於道德之意推斯旨也老莊與申韓同傳可也此法之通於道家矣漢書胡建傳引黃帝李法師古注李者法官之號也法家起於黃帝宜其與道相通矣襍家者兼儒墨合名法而以道爲宗趣宰相論道經邦之術也高誘稱呂覽曰此書所尚以道德爲標的以無爲爲綱紀以忠義爲品式以公方爲檢格稱淮南曰物事之類無所不載然其大較歸之於道號曰鴻烈鴻大也烈明也以爲大明道之言也余觀其書呂氏有圜道之篇淮南有原道之訓尸佼亦有處道之作豈非粹然黃老之旨乎此襍之通於道家矣名家者人君循名責實之術也

故尹文子與宋銒彭蒙田駢同學老子之道而其言曰大道治者則名法儒墨自廢以名法儒墨治者則不得離道又曰無名故大道無稱有名故名以正形豈非老子所謂無名天地之始有名萬物之母乎此名之通於道家矣孟子載許行之言曰滕君則誠賢君也雖然未聞道也又曰從許子之道則市賈不貳國中無僞雖使五尺之童適市莫之或欺農家之書雖亡然觀此數言則神農之敎即剖斗折衡黜琱爲朴之治也此農之通於道家矣淮南齊俗引神農之法曰天子親耕后妃親織以爲天下先不貴難得之貨不器無用之物其耕不強者無以養生其織不力者無以揜形有餘不足各歸其身衣食饒溢姦邪不生智者無所施其策勇者無所行其威數語尤與道家相表裏農家書雖佚此其柢也兵家傳於今者有孫子孫子之論兵也一曰

道一曰天故曰能而示之不能用而示之不用又曰百戰百勝非善之善者也不戰而屈人之兵善之善者也又曰先爲不可勝以待敵之可勝大旨以順天爲主以陰謀爲輔與老子將欲弱之必固强之將欲取之必固與之同義眞黃帝之遺傳也漢志兵家有黃帝十六篇此兵之通於道家矣醫本昉諸有熊與道家同原而異流內經有言上古有眞人者提挈天地把握陰陽故能壽敝天地此其道生中古有至人者淳德全道和於陰陽益其壽命而强者也其次有聖人行不欲離於世舉不欲觀於俗外不勞形於事內無思想之患其次有賢人者法則天地將從上古合同於道由是觀之論病以及國原診以知政非知道者烏能

全生而盡歟哉此方技之通於道家矣四裔原理之學無不先基之以實驗中古醫術發明最早老子曰貴大患若身中庸曰本諸身徵諸庶民益身爲萬類之一有身而後有對待分陰分陽迭用柔剛未有不知身爲何物而能冥驗宙合者也余嘗謂儒家仁義五常之性其理皆原於醫而道家所謂谷神不死是謂元牝綿兮冥兮其中有精其精甚眞等說尤非先通醫術不能籀之此黃老所以貴養生而王者畫州土建君臣定律歷陳成敗所以多取象於藏府五官也其詳當備論於外篇小說家出稗官孔子曰雖小道必有可觀者焉試以藝文志所載伊尹說鬻子說黃帝說青史子宋子安成未央術考之黃帝道之祖伊尹鬻熊則道家大宗也青史子班固云古史官記事宋子班固云其言黃老意安成未央術應劭云道家也好養生事爲未央之術是則稗官一家豈非道之支流哉蓋道家原於史官而小說亦司史所錄也此小說之通於道

家矣從橫家皆祖鬼谷子鬼谷子說者以爲有道之士也其言曰自古至今其道一也變化無窮各有所歸捭闔者道之大化說之變也由是觀之非深明道家陰陽屈伸之用者烏能長於權變乎此從橫之通於道家矣陰陽數術家者明堂羲和史卜之職也六國時韓諸公子著黃帝泰素二十篇言陰陽五行以爲黃帝之道老子師常從亦作日月星氣二十一卷蓋道家主於法天而陰陽數術則主於謂天兩家相爲表裏故同屬史官之所掌耳此陰陽數術之通於道家矣史記騶衍睹有國者益淫侈不能尚德乃深觀陰陽消息而作怪迂之變終始大聖之篇十餘萬言其語閎大不經漢嚴助嘗引其說曰政教文質者所以云救也當時則用過則舍之有易則易之故守一不變者未睹治之至也漢志著錄衍書於陰陽家是古之講陰陽數術者無不涉及治天下之

道故與道家並茂其原多出於易象也至於墨家之學曰兼愛曰節用曰非攻疑若無與乎道家矣然道家有言我有三寶一曰慈二曰儉三曰不敢爲天下先墨家兼愛非道家之所謂慈乎墨家節用非道家之所謂儉乎墨家非攻不好戰而主守非道家之所謂不敢爲天下先乎況道家宗史佚而墨家亦祖史角道家以法天爲歸故曰無以人滅天無以人易天墨家以順天爲趣故曰順天意者善政也反天意者力政也是墨家用術雖與道家異而宗旨固有可相參也此又墨之通於道家矣閒嘗論之道家爲君人南面之術君道也百家皆出於官守臣道也臣道不能獨治必上稟君道而統之此古帝王設官分職之遺意也故諸子立

言雖歧合其要歸未有不原於道家者卽其閒異戸同門互相
詆訾此乃辯生於末學豈九師之道本然哉善夫漆園吏之言
曰天下之治方術者多矣古所謂道術果惡乎在曰無乎不在
神何由降明何由出聖有所生王有所成皆原於一天下大亂
賢聖不明道德不一譬如耳目鼻口皆有所明不能相通天下
之人各爲其所欲焉以自爲方後世學者不幸不見天地之純
古人之大體道術將爲天下裂矣蓋深歎百家之源流萬殊而
一本也嗟乎自六蓺既歸儒家君人南面之術咸折衷於孔子
遂使史官之舊學降爲道家反屈在九流之列於是謂老莊爲
淸談之祖謂楊墨爲遁世之宗法家則慘礉而少恩從横則詭

論而失正兵家以權謀而不學襍家以駁糅而不觀醫藥卜筮之術委諸賤工農圃種樹之書鄙諸野老甚者因孟子而非荀子因古文而疑今文並儒家之微言大義亦在若存若亡之數而百家殆幾乎息矣可勝慨哉可勝慨哉（書中闡發諸子數篇吾友孫益葊多援引以入通考余書總撮大綱孫書推演較密學者宜分別參證之）

宗旨

余既整齊百家襍語其於諸子學術源流言之詳矣而讀者猶昧焉因復撮取百家專門之宗旨著於篇而以儒家發其端曰儒家者流太史譚謂以六藝為法漢志亦稱遊文於六經之中若然則誦法六經者其儒家宗旨乎然六經者百家從出之源

也墨子亦徵周詩焉韓非亦采春秋焉從橫家蘇秦陳說又引
周書焉則以誦法六經爲儒術其不能確定儒之宗旨明矣余
謂儒家宗旨有二一曰仁義一曰禮孟子道性善而稱堯舜此
儒家言仁義之派也荀卿言性惡而法後王此儒家言禮之派
也故荀子有議兵之篇矣晏子有墨子之言矣而不得謂之兵
家與墨家者以其宗旨主於禮也賈誼嘗明申商矣桓寬嘗論
鹽鐵矣而不得謂之法家與農家者以其宗旨歸於仁義也至
於墨家宗旨曰尚賢曰尚同曰兼愛曰非攻曰節用曰節葬曰
明鬼曰非樂曰非命全書大義不出乎此故墨子未嘗不言仁
義而不得爲儒家者以其宗旨在兼愛也未嘗不言守備而不

得爲兵家者以其宗旨在非攻也未嘗不言順天而不得爲道家者以其宗旨在尙同與明鬼也若經上經下大取小取魯勝謂之辨經莊周謂之別墨已屬名家之言非墨家宗旨之正派矣名家宗旨曰白馬非馬曰堅白石三皆因名以定實者也雖出於禮而不得與禮相亂尹文子曰仁義禮樂名法刑賞凡此八者五帝三王治世之術也以名與禮分科是可見其宗旨矣故鄧析子未嘗不論法而曰循名責實君之事奉法宣令臣之職則不能謂之法家矣以其宗旨本於控名也尹文子未嘗不宗道而曰無名故大道無稱有名故名以正形則不能謂之道家矣以其宗旨淮於正名也法家以信賞必罰爲宗旨夫人能

言之然余謂法家宗旨一在於術一在於法術者操殺生之柄課羣臣之能若韓非專論法要者是矣法者憲令著於官府刑罰必於民心若商君兼詳法用者是矣韓非子曰法者編著之圖籍設之於官府而布之於百姓者也術者藏之於胸中以偶衆端而潛御羣臣者也故法莫如顯而術不欲見是以明主言法則境内卑賤莫不聞知也用術則親愛近習莫之得聞也此可考法與術之異同故韓非申子皆學黃老之術而不列於道家者以其宗旨主明法也李悝商鞅旁及農戰之令而不歸於兵家與農家者以其宗旨主立法也從横家之學出於詩然則以詩爲從横宗旨乎曰非也從横家雖出於詩而詩不足以盡從横之所長欲考從横家宗旨當觀鬼谷子鬼谷子之術有十曰捭闔曰反應曰内揵曰抵巇曰飛箝曰忤合曰揣

曰摩曰權曰謀曰決此眞從横家之宗旨矣故從横必原於陰陽開闔而不能謂之道家者以其宗旨在應世變也從横必熟於權謀形勢而不能謂之兵家者以其宗旨在聯邦交也兵家者流漢志嘗以四類分之曰權謀曰形勢曰陰陽曰技巧而皆所以禁暴伐亂也則兵家宗旨不外此矣故司馬法未嘗不言禮而不歸於儒家者以其宗旨主兵制也孫武子未嘗不言道而不歸於道家者以其宗旨主兵謀也尉繚未嘗不重開墾風后未嘗不推占候而不歸於農與數術家者以其宗旨主兵用也若夫道家出於史官道家之學益由古今成敗禍福存亡演繹之而得其所謂道者使後王循焉以爲治天下之術列子曰嘗觀之神農有炎之德稽之虞夏商周之書度諸法士賢人之言所以存亡廢興而非由此道者未之

有也道家學出史官此其原矣禖家亦司史所紀道也者人君恭已南面之術也禖也者宰相論道經邦之術也是兩家宜無不同矣然余細繹之則見道家宗旨有二曰清虛曰卑弱而其要歸本於無爲無爲而無不爲此道家之宗旨也禖家知國體之有此見王治之無不貫而其要歸本於道所謂以道德爲標的以無爲爲綱紀以忠義爲品式以公方爲檢格者此禖家之宗旨也是故人君之與宰相其術一也人君未嘗不卑牢百官而致虛極守靜篤則其學歸於道家矣宰相未嘗不上承人君而兼儒墨合名法則其學歸之禖家矣由是觀之諸家之宗旨蓋不可不先定也百家立言莫不有宗旨尸子曰墨子貴兼孔子貴公皇子貴衷田子貴均列子貴虛料子貴別囿呂氏春秋曰老耽貴柔

孔子貴仁墨翟貴廉關尹貴清子列子貴虛陳駢貴齊陽生貴已孫臏貴勢王廖貴先兒良貴後考墨子全書兼愛一義足以括之廉即兼之假借字老子書曰堅強者死之徒柔弱者生之徒強人處下柔弱處上列子書曰或謂子列子曰奚貴虛列子曰虛者無貴也又曰非其名也莫如靜莫如虛靜也虛也得其居矣取也與也失其所矣此貴柔貴虛之辨也孔子遺言備載論語論語問仁者為多又曰夫子之道忠恕而已忠恕即公也心平正不為外物所誘為清關尹子之言雖出依託而其言曰得道之清者物莫能累則清固尹喜之所特標也陽生貴已即孟子所謂楊氏為我也田駢貴均亦齊也即莊子所稱齊萬物以為首也孫臏王廖兒良皆兵家貴勢貴先貴後即漢志所謂後發而先至兼形勢包陰陽者也惟料子皇子無傳派然由尸佼不羣之論言之則宗旨固百家所同具矣語曰整派者依源理枝者循幹欲治流略安可不於宗旨加之意哉　雖然欲定諸家之宗旨當執其人定之而猶必即其書參之如徒執其人定之則吳起嘗受業於曾申矣韓非嘗受業於荀子矣而何以其書一在法家一在兵家乎尸佼嘗為商君之師矣尹文嘗

爲老子之學矣而何以其書一在襍家一在名家乎且宋子十八篇班固謂其言黃老意尉繚子二十篇劉向謂其爲商君學如以其人則當列入道家與法家矣而何以一在小説家一在襍家乎固知不埶其人不足考其行業之不同不窺其書亦不足見其學術之所本道固並行而不悖耳自古善論諸子之人者吾得一人焉曰司馬遷自古善論諸子之書者吾得一人焉曰班孟堅遷爲諸子作傳也嘗於管晏諸傳贊中發其例曰吾讀管氏牧民山高乘馬輕重九府及晏子春秋詳哉其言之也既見其著書欲觀其行事故次其傳至其書世多有之是以不論論其軼事於吳起孫武傳曰世俗所稱師旅皆道孫子十三

篇吳起兵法世多有故弗論論其行事所施設者於司馬穰苴
傳曰世既多司馬兵法以故不論著穰苴之列傳焉而孟荀傳
亦云自如孟子至於吁子世多有其書故不論其傳云案其傳云屬上讀謂孟子諸人既不論其著故獨著其傳如是耳吾友孫益荅作通考讀屬墨翟事援伯夷傳爲證不知彼篇全屬議論故以其傳曰標明首尾與此篇不同惜未與之辨明也是遷之傳諸子皆因人而作非因書
而作矣史記亦有變例以見義者如老莊申韓列傳曰申子韓子皆著書傳於後世學者多有余獨悲韓子爲說難而不能自脫耳此因說難入篇故著其學行之不相掩例雖異而所謂述故事整齊其世傳則同也故老莊道家
也申韓法家也而可以合傳者則以其皆學道德之意也管子
道家也晏子儒家也而可以同傳者則以其皆齊之賢相也孟
荀儒家鄒衍陰陽家愼到李悝法家田駢道家公孫龍名家尸

子䄙家墨翟墨家也而并敘一傳者則以其皆戰國之學祖也至孟堅藝文志則不然藝文志者定書之書也故儒家晏子八篇則曰有列傳孟子十一篇孫卿子三十三篇魯仲連子十四篇則曰有列傳道家管子八十六篇則曰有列傳法家商君二十九篇則曰有列傳從横家蘇子三十一篇張子十篇則曰有列傳詩賦家屈原賦二十五篇則曰有列傳兵家吳起四十八篇則曰有列傳魏公子二十一篇則曰有列傳所謂有列傳者謂其行事已見太史公之書也葢古人著書往往有互見之例史記論人者也則謂其書世多有之是以不論藝文志論書者也則謂其行事已有列傳如此則自不致因其人而疑其書亦

不致因其書而廢其人矣豈非善之善者乎乃後之讀諸子者吾惑焉謂韓非因說難而賜死謂鄧析因無厚而殺身於是二家且以人而害及其書矣謂孫武子爲權謀之祖謂鬼谷子爲險盭之魁於是二家且以書而累及其人矣甚至因李斯之焚書而罪荀卿而新書可束高閣矣李斯阿主取容焚書之議欲以愚黔首豈眞能行其師之道哉鹽鐵論方李斯之相秦也始皇任之人臣無二然而荀卿爲之不食覩其罹不測之禍也可謂哲人先見宋儒苛論吾無取焉因墨子之貴儉而疑晏子而春秋可覆醬瓿矣晏子春秋內外八篇載相齊軼事漢志著錄於儒家其詆毀孔子語略如荀卿非及子思孟軻耳墨翟親見齊之春秋故二書相出入劉向謂非晏子言後世辯士所爲而張湛注列子以晏嬰爲墨者非也此皆讀書而不尙論其人論人而不善讀其書者也顏之推有言校定書籍亦何容易自揚雄劉向

方稱此職耳觀天下書未遍不得妄下雌黃嗟乎吾安得揚雄劉向其人者與之論百家宗旨也哉

宗經

班孟堅嘗言九家者流窮知究慮雖有蔽短皆六經之支與流裔若能修六藝之術而觀此九家之言舍短取長則可以通萬方之略矣此眞深通百家要歸之言也是故百家者六藝之支與流裔也自六藝折入儒家儒者往往尊經而卑子甚至因孔子之言屏爲異端言可與邦亦可喪邦九家琦辭豈無流蔽要在用之如何耳故東平求史記諸子漢廷不與以爲史記襍兵謀而諸子多詭術也何晏論語集解曰善道有統故殊途而同歸異端不同歸者皇侃乃謂祡人襍學諸子百家之書過矣豈非劉歆所謂挾恐見破之私意而無從善服義之公

心哉今試卽百家源流徵之猶可見其於六埶殊途而同歸焉儒家者流非所謂遊文於六經之中者乎再傳之後顏氏傳詩爲道爲諷諫之儒孟氏傳書爲道爲疏通致遠之儒漆雕氏傳禮爲道爲恭儉莊敬之儒仲梁氏傳樂爲道以和陰陽爲移風易俗之儒樂正氏傳春秋爲道爲屬辭比事之儒公孫氏傳易爲道爲潔淨精微之儒今雖遺書不少概見然余觀荀孟二子荀子有禮論矣有樂論矣其言曰書者政事之紀也詩者中聲之所止也禮者法之大分羣類之綱紀也學至乎禮而止矣故其書多以禮爲折中則荀子眞出於禮者也孟子曰說詩者不以文害詞不以詞害義以意逆志是爲得之又曰吾於武成取

二三策而已矣則孟子眞出於詩書者也史記孟子列傳曰序詩書述仲尼之意作孟子七篇趙岐題辭亦曰孟子通五經尤長於詩書然此猶儒家也請徵墨家墨家者流古祝史之遺也祝史之官於周則宗伯掌之宗伯典禮禮之大者在祀與戎墨子以尊天禁攻爲宗旨其於禮教固夙講矣雖淮南稱墨子學儒者之業以爲其禮煩擾而不說厚葬靡財而貧民然源流所漸豈可誣乎且余嘗讀其書矣有引夏書夏誓者焉有引商書湯之官刑者焉有引周詩者焉有引周之春秋燕之春秋宋齊春秋者焉豈徒禮爲專業哉是則墨子固出於禮而又兼長於詩書與春秋者也然此猶墨家也請徵法家法家者流先王明罰飭法辨別名位之學也昔孔子刪定春秋也

褒善貶惡筆則筆削則削故曰春秋以道名分今讀韓非書於君臣善敗之閒三致意焉眞春秋經世之志矣蓋非嘗受學荀卿荀卿固世所謂傳邱明之傳者故太史公十二諸侯年表歷敘春秋之學自左氏因不韋以後兼及韓非且謂其捃摭春秋之文以著書意在斯乎是則法家蓋出於春秋者也然此猶法家也請徵名家名家者流出於禮官禮也者非所謂明貴賤辨上下定是非者乎尹文子曰禮義成君子君子未必須禮義名利治小人小人不可無名利又曰禮以行之名以正之由此以觀名之與禮表裏明矣故呂覽載魯惠公請郊祀之禮墨子學焉而其後苦獲已齒之屬皆以堅白異同著也是則名家固出

於禮者也然此猶名家也請徵從橫從橫家者流古行人之職也行人掌邦交則詞令固所專擅矣然詞令之美實原於詩故子貢一出存魯亂齊夫子嘗以通詩許之而曰不學詩無以言又曰誦詩三百使於四方不能專對雖多亦奚以爲亦可見折衷樽俎之材豈不學無術者所得而假託哉是則從橫家固出於詩者也然此猶從橫家也請徵道家道家者流本古史官爲六藝之大宗余於前篇言之詳已若其學派雖則舉牢六藝而發源實得自易象也易曰一陰一陽之謂道又曰立天之道曰陰與陽立地之道曰柔與剛今道家歷紀成敗禍福存亡古今之道推其大原於天與剛柔卷舒與陰陽俛仰而以卑弱清虛

守之眞所謂合於易之謙謙矣葢道家者諸子之原也而易者又六藝之原也然則卽謂易象爲道家所從出何不可哉祭義昔者聖人建陰陽天地之情立以爲易易抱龜南面天子卷冕北面雖有明知之心必進斷其志焉示不敢專以尊天也鄭注易官名也禮鉤曰伏羲作易名官易爲伏羲氏先文是黃帝未建史官以前易實上古史官也道家出史官故易象與道家同原其他若陰陽家託始於洪範小說家濫觴於國風兵家爲軍禮之專門禨家知王治之一貫雖書缺有閒無從徵明要之不離乎六藝者近是昔劉子政之校諸子也於申子則曰申子學號曰刑名刑名者循名以責實合於六經也於晏子則曰其書六篇皆忠諫其君文章可觀義理可法皆合六經之義於管子則曰凡管子書務富國安民道約言要可以曉合經誼於列子則

曰及其治身接物務崇不競合於六經而劉彥和述文心也其諸子篇亦曰述道求治枝條五經嗚呼非博聞强識之儒烏能條其源流也歟余故曰百家者六藝之支與流裔也古無所謂經史而已古之治史者無所謂傳注子而已故諸子實古經說也王充論衡曰聖人作其經賢者造其傳述作者之意採聖人之志故經須傳也俱賢所爲何以獨謂經傳是他書記非彼見經傳傳經之文經須而解故謂之是他書與書相違更造端緒故謂之非又曰知屋漏者在宇下知政失者在草野知經誤者在諸子諸子之學與六藝並重願治經者深思此言夫百家既同爲六藝之支裔則亦同爲我孔子所不廢矣何以言之道家主無爲孔子曰無爲而治者其舜也歟夫何爲哉恭己正南面而已豈非道家宗旨乎墨家主貴儉節用兼愛明鬼孔子曰禮與其奢也寧儉又曰節用而愛人又曰祭如在祭神如神在豈

非墨家宗旨乎名家主正名孔子曰必也正名乎名不正則言不順言不順則事不成豈非名家宗旨乎法家主明法孔子曰棄法是無以爲國家也又曰四代之政刑皆可法也豈非法家宗旨乎從横家主專對孔子曰言之不文行之不遠豈非從横家宗旨乎農家主稼穡孔子曰所重民食豈非農家宗旨乎小說家主於道聽塗說孔子曰雖小道必有可觀者焉豈非小說家宗旨乎兵家主於權謀孔子曰必也臨事而懼好謀而成豈非兵家宗旨乎東郭子惠嘗問於子貢曰夫子之門何其襍也夫子聞之曰修道以俟天下來者不止是以襍也荀卿亦曰孔子仁知且不蔽故學亂術足以爲先王也注亂襍也家卽指百家而言此可見孔子

臯牢九流之盛矣・大矣哉宗廟之美百官之富吾於諸子見之矣後儒祇知誦法孔子手定之六蓺而不知諸子爲六蓺所自出其亦小之乎視我孔子耳經常也百家猶變者也經歸孔氏百家羽翼之而聖道始尊故論衡曰孔子作春秋以示王意然則孔子之春秋素王之業也諸子之傳書素相之事也觀春秋以見王意讀諸子以睹相指傳子曰聖人之道如天地諸子之異如四時四時相反天地合而通焉抱朴子曰正經爲道義之淵海子書爲增深之川流不以璞不生板桐之嶺而捐曜夜之寶不以書不出周孔之門而廢助教之言皆千古覈論治六蓺者尤當三復也

少與吾友益葊譚道廣平同服膺章實齋先生書析奇獻疑無虛日其後余治六蓺百家之學益葊則潛擘丙部曾著諸子要略以推究九流派別益葊考證諸子書尚有多種皆未成要略亦未卒業成者通考三卷一乃近年作也其言博切精深每自媿所業不如益葊之專且久也

要略論諸子原於六藝而不繆於孔子實能發前人所未發今刪其要以備篇籍至諸子中稱經者最夥如呂覽安死篇引詩曰不敢暴虎不敢馮河人知其一莫知其他此言不知鄰類也務本篇引大雅曰上帝臨汝無貳爾心以言忠臣之行也君守篇引鴻範曰惟天陰騭下民陰之者所以發之也不屈篇引詩曰愷悌君子民之父母愷大也悌長也君子之德長且大者則為民父母召類篇引易曰渙其羣元吉渙者賢也羣者衆也元者吉之始也渙其羣元吉者其佐多賢也淮南俶真訓引詩曰采采卷耳不盈傾筐嗟我懷人寘彼周行以言慕遠世也又泰族訓曰關雎興於鳥而君子美之為

其雌雄之不乖居也鹿鳴興於獸而君子大之取其見食而相呼也泓之戰軍敗君獲而春秋大之取其不鼓不成列也宋伯姬坐燒而死春秋大之取其不踰禮而行也如此類者皆七十子前徵言大義惟泓之戰及伯姬事是今文家公羊之說尤足徵諸子爲六藝之支裔已詳余所著諸子經說考茲皆不蔓及焉孟劬

自記

口說

自黃帝之史倉頡初造書契以代結繩之治其時文字簡略取足以達王者政教而已政教之書六藝爲最大六藝之外官司之職掌百工曲技之授受其有別識心傳非書契所能具則治

其學者相與口耳講習而世守之此天下所以無私家之著述而學者非從師不能傳道解惑也故六藝之書傳於孔氏者其褒貶損挹之文辭無不有口說以羽翼之口說亡則經師不敢肊說焉豈非以口說爲我孔子微言大義之所寄哉夫微言大義非特六藝而已卽諸子亦莫不然何則諸子皆先王專官典守之遺其始道術聚於職掌如耳目口鼻交相爲用而未嘗相非其後天子失官百家始各以其學紛紛著書焉然雖則紛紛著書而其原實本於先王典守之遺固非謬託上古而以言爲市者比也故道家出於史官而託始黃帝卽黃帝以來口耳相傳之說也墨家出於淸廟之守而託始夏禹卽夏禹以來口耳

相傳之說也儒家出於司徒之官而託始堯舜卽堯舜以來口耳相傳之說也法家出於理官名家出於禮官襍家出於議官縱横家出於行人之官農家出於農稷之官亦皆始爲其官者口耳相傳之說也管子晏子春秋載仲嬰臨死之言韓非存韓篇附李斯駁議荀卿堯問篇亦附爲說者一段或謂其書由掇拾而成非四子所自著而不知承學者本其口耳相傳之說筆之於書而始末不能不互見也內經託於黃帝本草託於神農或以文法辨其不類而不知承學者本其口耳相傳之說而成書不能不用後世文法也公羊春秋五傳至胡毋生商瞿之易七傳至丁寬說者因謂傳聞之略不及親見之詳而不知當時

口耳相傳之學宜之於言不啻著諸竹帛也古人專門之學則有專門之字如屈平之靈修莊周之因是韓非參伍鬼谷捭闔皆移置他書而不詳所指者而不知其始亦由於口耳相傳用以標識其家學也此皆周秦學術出於口說之確證也故讀周秦古書不可不知口說之例

章實齋先生嘗謂古人無專門之著述至戰國始以竹帛代口耳其言諒矣然戰國諸子雖以竹帛代口耳之傳而口說固未盡亡也竹帛所載特其大綱總要而已至於專家學術細微曲折之故則非竹帛所能詳著也墨子之學長於守禦而備城門以下佶屈聱牙雖老於行軍者莫曉爲管子之學長於法令而

幼官諸篇或惜其失圖而不知卽有圖而世人亦不能用也兵家孫武魏無忌之書嘗有圖矣而漢興名將未聞專以泥圖制勝者漢書霍去病傳上嘗欲教之孫吳兵法對曰顧方略何如耳不至學古兵法則古人法制圖譜之學非口授其傳不能心知其意也法家之墾草令商君親用之開阡陌務農戰使區區之秦强於諸侯不可謂非已試之效矣及二世因趙高李斯言明申韓之術而修商君之法天下豪傑並起而身亦被弒於望夷夫法家之爲道王者以輔禮教者也商君行之而富强如彼二世循之而滅亡如此則古人形名參同之學非口授其傳不能因時制宜也商君書曰先聖人爲書而傳之後世必師受之乃知所謂之名不師受之而人以其心意議之至死不能知其名與其意故聖人必爲法令置官也置吏也爲天下師所

以定名分也此卽法家須口說之一證荀孟二子於戰代最爲老師荀卿爲秦王陳儒效而推本於隆禮孟子爲滕君陳井田而推本於庠序之敎是豈迂闊無術者所得而假託哉而治國規模之次第遺書無可考見焉則古人實事求是之學非口授其傳不能試之行政也醫之有神農本草黃帝素問靈樞等於儒者六經方技家無不奉爲鴻寶矣然使不識藥者讀本草不識鍼灸者讀素問靈樞皆足以殺人而有餘則古人一技一藝之長非口授其傳不能得其精微之所在也由是觀之竹帛所載不過其大綱總要而已若夫細微曲折之故推而見諸實用則必有子不得傳之於父弟不得傳之於師者焉此口說之所以可貴也戰國諸子中如

楊朱並無遺書而當日傳派幾與孔墨並盛是戰國重口說尤甚於著書也雖然口說易盡而竹帛經久東周官失先王典守之遺流爲百家戰國諸子始紛紛著書以圖不朽已似恐授受無傳不勝斯文絕續之痛者然苟非其人道不虛行則竹帛與口說二者固並行而不悖也故春秋經秦火而有公羊高五傳之口說則春秋雖燒而不亡矣尚書經秦火而有伏生相傳之口說則尚書雖百篇不完而二十九篇亦不亡矣禮爲戰國諸侯去其籍而有高堂生后倉相傳之口說則十七篇歸然存於人間矣易以卜筮之書存而詩獨以諷誦存則竹帛之傳於世者未嘗不籍口說以維持矣昔孔子求夏殷之學故而慨於文獻之無徵文卽竹帛之文獻卽口說

也又曰德之不修學之不講是吾憂也學而曰講亦謂口說也自口說亡而後師道廢師道廢而後專門之學絕雖有遺篇而郢書燕說不勝其聚訟焉其禍皆起於口說之失傳而折衷之無人也是亦學術盛衰之一端歟故曰讀周秦古書者不可不知口說之例

三代以上無專門之著述未嘗無專門之學宜之口耳與見之行履皆學之所有事也至戰國始紛紛言著述矣而人亦因其著述稱爲某甲氏之學某乙氏之學是學反藉書爲重也學藉書重學斯衰矣而於是依託諸弊起焉依託者皆謬附上古口耳相傳之說而以著述市名者也依託與僞有辨依託略如莊列寓言以著書者爲主而以

所依託之言僞容其心斬於明道而使讀者不泥於其迹所謂羌無故實也若張商英三墳書豐坊申培詩說旣誣古人且掩其假冒之迹乃僞書耳關尹子子華子以文體斷之皆不類周秦然介在疑似之閒又當別考蓋著述至戰國而始專而著述不可空譚也非援上古君臣之問答以示出於先王典守之遺則其書不能見重於天下是亦當時風氣不得不然者也試以漢志徵之道家文子九篇志曰老子弟子與孔子並時而稱周平王問似依託者也力牧二十二篇志曰六國時所作託之力牧力牧黃帝相襍家大命三十七篇志曰傳言禹所作其文似後世語農家神農二十篇志曰六國時諸子疾時怠於農業道耕農事託之神農小說家伊尹說二十七篇志曰其語淺薄似依託也鬻子說十九篇志曰後世所加師曠六

篇志曰見春秋其言淺薄本與此同似因託也務成子十一篇志曰稱堯問非古語天乙三篇志曰天乙謂湯其言非殷時皆依託也黃帝說四十篇志曰迂誕依託兵家封胡五篇風后十三篇力牧十五篇鬼容區三篇志均曰黃帝臣依託也今其遺書雖多放失既經向歆條別源流則諸家之學術亦大略可考矣雖然書可依託而學術則不可依託古有不出一手之書而必無不成一家之學術其故何哉則以諸家宗旨無不有口說傳諸其徒相與講習而世守之非如竹帛可以盜名欺世也故作僞者敢於依託上古而不敢於滅裂一家之學術苟有滅裂學術者則學者皆得據口說以諍之矣如孟子外書四篇趙岐

嘗謂其文不能弘深爲後世依放矣然辯性善說孝弟未嘗不與內篇相應也孟子外書不見於漢志然如鬼谷子燕丹子諸書漢志皆未著錄皆非依託此據邠卿之言定之孔叢子二十篇朱晦翁嘗謂其文軟弱不類西京矣然詰毀翟紬公孫龍陳士義記儒服未嘗不與孔氏之言相表裏也漢志儒家有孔臧十篇而無孔叢子孔叢子蓋劉向說苑王肅家語之流類聚孔氏嘉言懿行成非一人編非一時故謂之叢實非僞書也文子十二篇柳子厚亦嘗謂衆爲聚斂以成其書矣然原道德之意闡自然之符未嘗不與五千言相發明也文子一書多詁老子似道德經之義疏道德篇載平王問文子子曰吾聞子得道於老聃語與漢志相符而多三篇疑戰國時依託而後人又析其篇第耳子厚謂聚斂所成似誤使出後世辟者爲之甯不變亂黑白以誣古人乎漢孟喜嘗受易田王孫喜好自稱譽得易家候陰陽災變書

詐言師田生且死時傳喜諸儒以此耀之同門梁邱賀疏通證明之曰田生絕於施讐手中時喜歸東海安得此事董仲舒治春秋言災異而弟子呂溫舒不知其師書世以爲大愚由是觀之古人口耳授受之際其詳密愼重如此此所以雖有依託之書而不足以爲學術之害也後世口說旣已失傳矣僅據古人之遺書辨別眞僞焉能不爲識者所竊笑哉故曰讀周秦古書者不可不知口說之例

古之簡策非如後世易求也古之名物度數非如後世易考也乃若其辭則又有三例焉三者何一曰傳聞之誤二曰互著之誤三曰附載之誤而其原皆起於口說是亦讀古書者不可不

知者也何謂傳聞之誤如韓非子載趙襄子賞有功者五人高赫爲首仲尼聞之曰善賞哉襄子賞一人而天下爲人臣者莫敢失禮案襄子事在春秋後與孔子不同時鹽鐵論載臧文仲治魯勝盜而自矜子貢曰民將欺而況民盜乎而子貢亦與臧文仲不同時莊周載輪扁對桓公以讀書而韓詩外傳以爲告楚成王國策載老萊子教孔子以事君而孔叢子以爲訓子思若斯類者所謂古人傳聞之誤也何謂互著之誤如國策張儀說秦王而韓子首篇亦載之以爲韓非之言孟子景公問晏嬰而管子戒篇亦載之以爲管仲之言同一鄭桓公也史記世家以爲宣王庶弟年表又以爲宣王母弟同一桑穀生朝事也說

苑前以爲殷大戊時後又以爲殷武丁時若斯類者所謂古人互著之誤也何謂附載之誤如史記司馬相如傳贊載揚雄以爲靡麗之賦勸百諷一案揚雄哀平時人史遷何得預引其語此蓋班固漢書司馬相如傳贊語後人取而著之史記耳又如列子穆王湯問二篇劉向謂其迂誕恢詭非君子之言又謂力命篇一推分命楊子篇惟貴放逸二義乖背不似一家之書蓋皆爲其學者補著之耳若斯類者所謂古人附載之誤也皆略引數條以概其餘暇當專輯一書發明之凡此致誤之由豈古人愚而後人智乎豈古人考據之學疏而後人考據之學密乎蓋古人之於言也將以明道也而道不可虛麗也必引事實以指證之事實出於口說口說不能不有異同此亦勢

之無可如何也如小戴禮記七十子後學所載其事實得於傳聞之誤者尤多故康成皆據古文駁正之然於大義無害也古人不恥其勢之無如何而恥其言之不足以明道言苟足以明道矣則事實異同之辨猶日月之食焉又何容計較於其閒哉後人不務明古人之道而惟指摘其事實甚至據一字一句之異同欲盡舉古書而僞之吾不知起古人於九原肯吾心服否也嗟乎自古人口耳相傳之例不明而古書爲後人變亂也益更僕難數矣此知言之君子所爲悁悁而悲者也

流別

自天子失官諸子之言紛然殽亂班固所謂皆起於王道既微好惡殊方者也然而其流別異同之故亦略可言焉夫百家者

六藝之支與流裔也陰陽儒墨名法道德又務爲治者也六藝創始伏犧黃帝而大備於文王周公皆先聖人經世之要典不容增損者然余觀道家未嘗不言堯舜而多推本於黃帝以上一則曰此假修渾沌氏之術者也再則曰此神農黃帝之法則也至後世因稱之爲黃老其故何哉則以道家出史官史官立自黃帝也儒家未嘗不言黃農而多推本於堯舜與文武一則曰祖述堯舜再則曰憲章文武其故何哉則以儒家出司徒司徒一官命自唐虞故莊生曰自虞氏招仁義天下莫不奔命於仁義也墨家未嘗不言堯舜文武而多推本於夏禹一則曰背周道而用夏政再則曰不能如此非禹之道也不足謂墨其故

何哉則以墨家出清廟之守清廟主敬鬼神敬鬼神禹之遺制也此已可知流別之不同矣然猶可曰家各爲說也至於一家之中而又有同門而異戶焉同一道家也史記曰老子言道德之意老萊子言道家之用則可知道家一派有言意者矣有言用者矣余讀老子莊子列子多推論治原其道家言意之書歟鬻子鶡冠子管子則兼詳法度其道家言用之書歟管子漢志列道家最確後世著錄者多列諸法家其誤蓋由於此不但此也呂覽曰老耽貴柔列子貴虛關尹貴清而莊子天下篇亦有老聃聞其風而悅之莊周聞其風而悅之史遷稱莊子其學無所不闚又曰老子所貴道虛無因應變化於無爲故著書辭稱微妙難識莊子散道德放論要亦歸之自然兩家流別微異此亦可見夫老子關尹莊列非皆道家乎而不

同如此則道家末流之多派從可見矣同一儒家也韓非顯學篇曰自孔子之死有子張之儒有子思之儒有顏氏之儒有孟氏之儒有漆雕氏之儒有仲良氏之儒有孫氏之儒有樂正氏之儒儒分爲八取舍相反今雖不可盡見然余讀孟子孫卿二書一道性善而稱堯舜一言性惡而法後王稱堯舜故以仁義爲宗法後王故以禮爲主豈非仲尼之後兩大支乎則儒家末流之多派從可見矣同一墨家也余觀孟子譏墨者夷之專以短喪是夷之以節喪著者也禽滑釐學於墨子墨子書有備城門諸篇專告禽子是禽子以守禦著者也呂覽司馬喜語墨者師曰先生所術非攻夫是此師以非攻著者也史記自序注貴

儉墨翟之道隨巢子傳其術是隨巢以貴儉著者也不但此也莊子天下篇曰相里勤之弟子五侯之徒南方之墨者苦獲已齒鄧陵子之屬俱誦墨經而倍譎不同相謂別墨是相里勤之後又有以別墨著者也非韓非所謂墨離爲三乎則墨家末流之多派從可見矣同一法家也今所傳者有商君書韓非子宜其若合符契矣然余讀韓非明法篇曰申不害言術而公孫鞅爲法術者因任而授官循名而責實操殺生之柄課羣臣之能者也此人主之所執也法者憲令著於官府刑罰必於民心賞存乎愼法而罰加乎姦令者也此臣之所師也問者曰主用申子之術而官行商君之法可乎對曰申子未盡於法也又曰二

子之於法術皆未盡善也由此言之是申韓與商君固學焉而各自成家者也則法家末流之多派從可見矣且也同一從橫家也而蘇秦爲從張儀爲橫同一襍家也而尉繚子漢志互見兵家子晚子班固謂其似司馬法同一名家也而鄧析子以無厚著公孫龍子又以堅白異同著同一兵家也而分之爲權謀爲陰陽爲形勢爲技巧爲同一醫家也而有醫經有經方有房中有神仙同一數術家也而天文爲一類歷譜爲一類五行爲一類蓍龜爲一類襍占與形法又爲一類則從橫名家襍家等末流之多派又從可見矣王充有言道雖同同中有異其此之謂歟雖然百家同中之異既如上所述矣而異中之同則人多

未之知此亦百家一大不幸也試言其略道家者所謂君人南面之術也而管子有法禁篇有任法明法篇是道家固通於法矣鶡冠子有世兵篇有兵政篇而管子亦有兵法篇是道家固通於兵矣管子書又有輕重上下言鹽鐵之利是道家固通於農矣此不特道家爲然卽儒家亦有之儒家者所謂助人君順陰陽明教化也而荀子有議兵篇孔子亦曰我戰則克是儒家固通於兵矣孔子曰必也正名而荀子又有正名篇是儒家固通於名矣此不特儒家爲然卽墨家亦有之墨家者古祝史之道也墨子雖以非攻立教而其書有守禦諸法故劉向別錄入於兵家技巧類是墨家固通於兵矣墨子有辯經及大取小取

皆名家之言故鄧陵之徒以堅白異同相訾是墨家固通於名矣此不特墨家爲然卽法家亦有之法家者信賞必罰以輔禮制者也司馬遷謂申子之學本於黃老而主刑名又謂韓非原於道德之意今韓子書尚有解老喻老諸篇是法家固通於道矣商君書有墾土令別錄於神農二十篇注曰趹與李悝所造是法家固通於農矣又韓非每言刑名參同商君書亦有戰法兵守篇是法家固通於名與兵矣此不特法家爲然卽名家亦有之名家者辨名正實之學也而尹文子有大道篇是名家固通於道矣且余嘗觀公孫龍之書其告孔穿也曰白馬非馬乃仲尼之所取是名家固通於儒矣莊子稱宋鈃與尹文皆以息

兵爲務而尹文書亦有禁攻寢兵語此即墨家非攻之說也是
名家固通於墨矣此不特名家爲然即從橫家亦有之從橫家
者權事制宜與鄰國交之術也鬼谷子說者以爲有道之士其
書亦曰捭闔者天地之道是從橫家固通於道矣別錄於從橫
家載龐煖二篇注曰爲燕將而兵家又有龐煖三篇是從橫家
固通於兵矣若夫襍家漢志以爲兼儒墨合名法知國體之有
此見王治之無不貫隋志亦曰通衆家之意則尤其章明較著
者也豈非同中有異而異中亦有同哉惟其異而同故一家可
貫百家而官守所以有聯惟其同而異故百家不妨自成一家
而宗旨仍不相襍越試觀尚儉非墨家宗旨乎而老子亦曰我

有三寶一曰儉然道家貴儉謂使人君抱朴守眞而墨家貴儉則專主於致敬鬼神矣是其貴儉雖同而所以貴儉之意則異也循名者非名家宗旨乎而韓非亦曰參合刑名然法家循名在申其賞罰而名家則但綜覈名實耳是其循名雖同而所以循名之義則異也重食者非農家宗旨乎而孟子亦曰不違農時然儒家重食意在務本而農家則欲使人並耕矣是其重食雖同而所以重食之意則異也知天時者非陰陽家宗旨乎而兵家亦有陰陽一派然兵家主於占勝負而陰陽家則專在敬授民時耳是其言天時雖同而所以言天時之意則異也推此以言百家實各具所長語其同也卽一家無難互通語其異也

即百家不能廢一矣莊生有言散異以爲同合同以爲異易大傳亦言天下殊途而同歸一致而百慮夫惟深通異同之故者而後可以論諸子之流別也夫此篇亦本益葊說而余推衍之者後論諸子同異與宗旨篇同而此較詳故並存焉以待後人之商榷

史微卷第六終

史微卷第七　　多伽羅香館叢書第廿種

內篇　　錢塘張采田孟劬撰

觝異

昔太史談論六家要旨曰陰陽儒墨名法道德此務爲治者也直所從言之異路有省不省耳然則百家學術皆先王爲治之具同是堯舜同非桀紂同修身正心以治天下國家奚不相悅如是哉自王官失守戰代諸子始各以其辯馳騖諸侯非取異已之學剽剝之則其說不能獨伸於天下而於是黨同伐異之諍乃滋多於世矣蓋嘗考之孟軻荀卿皆宗師仲尼者也孟軻之學主仁義其觝農家曰堯以不得舜爲己憂舜以不得禹皋

陶爲己憂夫以百畝之不易爲己憂者農夫也分人以財謂之惠敎人以善謂之忠爲天下得人者謂之仁堯舜之治天下豈無所用其心哉亦不用於耕耳其觝楊墨曰楊氏爲我是無君也墨氏兼愛是無父也楊墨之道不息孔子之道不著是邪說誣民充塞仁義也仁義充塞則率獸食人人將相食荀卿之學主禮禮也者辯上下定民志涖官行法人之所生非天之所爲也故其觝名家曰山淵平天地比齊秦襲入乎耳出乎口鉤有須卵有毛是說之難持者也而惠施鄧析能之然而君子不貴者非禮義之中也其觝墨家曰先王之道禮樂正其盛者也而墨子非之故曰墨子之於道也猶瞽之於白黑也其觝諸家也

則曰愼子有見於後無見於先老子有見於詘無見於信墨子有見於齊無見於畸宋子有見於少無見於多又曰墨子蔽於用而不知文宋子蔽於欲而不知得愼子蔽於法而不知賢申子蔽於埶而不知智惠子蔽於辭而不知實莊子蔽於天而不知人若此者非儒家皆訾異學之柢乎呂不韋淮南王安博貫眾家之所長而以衡定其得失者也然大要則歸之於道故其觝法家曰申韓商鞅之爲治也捽拔其根蕪棄其本而不窮究其所由何以至此也鑿五刑爲刻削乃背道德之本而爭於錐刀之末斬艾百姓殫盡太半而忻忻然常自以爲治是猶抱薪而救火鑿竇而出水其觝儒家曰王道缺而詩作周室廢禮義

壞而春秋作詩春秋學之美者也皆衰世之造也儒者循之以教導於世豈若三代之盛哉以詩春秋爲古之道而貴之又有未作詩春秋之時夫道其缺也不若道其全也誦先王之詩書不若聞得其言聞得其言不若得其所以言得其所以言者言弗能言也其觝墨家非樂非攻之說曰世之學者有非樂者矣安由出哉大樂君臣父子長少之所懽欣而說也懽欣生於平平生於道道也者視之不見聽之不聞不可爲狀有知不見之見不聞之聞無狀之狀則幾於知之矣又曰今之世學者多非乎攻伐非攻伐而取救守取救守則鄉之所謂長有道而息無道賞有義而罰不義之術不行矣攻伐之與救守一實也而取

舍人異是非其所取而取其所非也是利之而反害之也安之而反危之也爲天下長患致黔首之大害者若說爲深其觝名家及從横家曰公孫龍粲於辭而貿名鄧析巧辯而亂法蘇秦善說而亡國由其道則善無章修其理則巧無名故以巧鬭力者始於陽常卒於陰以慧治國者始於治常卒於亂若此者非雜家譬贅異學之柢乎墨翟之術善順天志而以明鬼節葬非樂非命鳴於世者也其觝儒家曰儒之道足以喪天下者四政爲儒以天爲不明以鬼爲不神天鬼不說此足以喪天下又厚葬久喪重爲棺槨多爲衣衾送死若徙三年哭泣扶後起杖後行耳無聞目無見此足以喪天下又弦歌鼓舞習爲聲樂此足

以喪天下又以命爲有貧富壽夭治亂安危有極矣不可損益也爲上者行之不必聽治矣爲下者行之不必從事矣此足以喪天下若此者非墨家嘗誓異學之柢乎韓非者以立法整齊羣言者也法制誠立則曰禮樂曰詩書曰修業曰孝弟曰誠信曰貞廉曰仁義曰非兵曰羞戰此十二者在所必黜故其觝名家曰亂世之聽言也以難知爲察以博文爲辯是以儒服帶劍者衆而耕戰之士寡堅白無厚之辭章而憲令之法息故曰上不明則辯生焉其觝儒家與墨家曰墨者之葬也冬日冬服夏日夏服桐棺三寸服喪三月世以爲儉而禮之儒者破家而葬服喪三年大毀扶杖世主以爲孝而禮之夫是墨子之儉將非

孔子之侈也是孔子之孝將非墨子之戾也今孝戾侈儉俱在儒墨而上兼禮之故海內之士言無定術行無常議其觝從橫家曰從者合衆强以攻一弱也而衡者事一强以攻衆弱也皆非所以持國也若此者非法家訾警異學之柢乎莊周者以塞窾言亟冥覽爲歸趣者也以天地之大純古今之大體進退九流者也其觝法家曰古之語大道者五變而形名可舉九變而賞罰可言也驟而語形名不知其本也驟而語賞罰不知其始也倒道而言迕道而說者人之所治也安能治人其觝名家與儒墨諸家曰駢於辯者纍瓦結繩竄句遊心於堅白同異之閒而敝跬譽無用之言非乎而楊墨是已故此皆分駢旁枝之道

非天下之至正也又曰削曾史之行鉗楊墨之口攘棄仁義而天下之德元同矣彼曾史楊墨者皆外立其德而以爚亂天下者也法之所無用也若此者非道家嘗謷異學之柢乎且不當惟是荀卿與孟軻七十子同出於儒家者也而荀卿則詆孟軻矣則詆七十子後學矣其詆孟軻曰略法先王而不知其統猶然而材劇志大聞見雜博案往舊造說謂之五行甚僻違而無類幽隱而無說閉約而無解案飾其辭而祗敬之曰此眞先君子之言也子思唱之孟軻和之世俗之溝猶瞀儒嚾嚾然不知其所非也遂受而傳以爲仲尼子游爲茲厚於後世是則子思孟軻之罪也其詆七十子後學曰弟佗其冠神禫其詞禹行而

舜趨是子張氏之賤儒也正其衣冠齊其顏色嗛然而終日不言是子夏氏之賤儒也偷儒憚事無廉恥而耆飲食必曰君子固不用力是子游氏之賤儒也彼君子則不然佚而不惰勞而不慢宗原應變曲得其宜如是然後聖人也韓非與申不害商鞅同出於法家者也而韓非則觝申不害之學矣則觝商鞅之學矣其觝申子曰申不害韓昭侯之佐也韓者晉之別國也晉之故法未息而韓之新法又生先君之令未收而後君之令又下申不害不擅其法不一其憲令雖十使昭侯用術而姦臣猶有所譎其辭矣故託萬乘之勁韓七十年而不至於霸王者雖用術於上法不勤飾於官之患也其觝商君曰公孫鞅之治秦

也設告相坐而責其實連什伍而同其罪賞厚而信刑重而必是以其民用力勞而不休逐敵危而不卻故其國富而兵强然而無術以知姦商君雖十飾其法人臣反用其資故乘强秦之資數十年而不至於帝王者法勤飾於官主無術於上之患也若此者又非一家之中皆警異學之柢乎余別著諸子敍異類考此篇限於文裁略掇大端使就檃括至漢志所著錄有董子一篇名無心難墨子虞卯說一篇難孫卿秦零陵令信一篇難秦相李斯博士臣賢對一篇難韓子商君書久逸矣不復覩陳語曰百川異源而皆歸於海百家殊業而皆務於治又曰流丸止於甌臾流言止於智者今戰代諸子之於異學也言之無不成理焉持之無不有故焉觀其摧陷廓清可謂比於武事矣夫豈漫爲好辯哉蓋不如此則無以持其宗

旨而使學術盛行於後世也雖然吾以爲戰代學術因觝異而亟其盛而戰代學術亦因觝異而兆其衰何則學術者天下之所同也而宗旨者一家之所獨也當其始學術探世之變而建立及其既歧九家者流乃始列道而議分徒而訟而宗旨出焉有宗旨然後有異同有異同然後有是非是故弦歌鼓舞以爲樂盤旋揖讓以修禮厚葬久喪以送死孔子之所立也而墨子非之兼愛尚賢右鬼非命墨子之所立也而楊子非之全性保真不以物累形楊子之所立也而孟子非之非之不已必出於爭爭之不已必有强有力者起而持其後而學術統於一尊矣彼百家者蠭起輻輳於六國再傳而後若存若亡至夷諸異端

而莫之詷者豈不以此也哉豈不以此也哉余故表而出之旣以上究諸家宗旨之殊方亦欲學者因乎時勢以施之於政治而勿徒效陋儒嘵嘵之論焉則先王官守之遺傳可幾而理也

爭訟

余讀班固范曄儒林傳而歎兩漢經學之盛而衰端亦已朕於兩漢也自武帝黜黃老刑名百家之言表章六藝而公孫宏以治春秋白衣爲卿相舉賢良文學增博士弟子員天下學士靡然鄉風矣然西漢之初傳我孔子口說言易則淄川田生言書則濟南伏生言詩於魯則申培公於齊則轅固生燕則韓太傅言禮則魯高堂生言春秋於齊則胡母生於趙則董仲舒類能

明天人分際通古今之誼教授誦習措之於躬行不專以著書爲事其有經明行修究極師法不守章句者則史臣具書之佐人君順陰陽明教化由此其選也迨及東漢古文之學大興儒者非孔書毛詩周禮左氏傳不譚衛宏賈逵之徒附會而文致之雖正音讀通訓詁考制度辨名物未嘗無功於遺經而分文析字煩言碎辭固已不勝其敝矣豈非今古文諍議使然哉考兩漢今古文之諍議始於宣帝時石渠奏議哀帝時劉歆移太常博士書而范升陳元賈逵諸人成之儒林傳曰瑕邱江公授穀梁春秋於魯申公武帝時江公與董仲舒並仲舒通五經能持論善屬文江公吶於口上使與仲舒議不如仲舒而丞相公

孫宏本爲公羊學比輯其議卒用董生於是上因尊公羊家詔
太子受公羊春秋由是公羊大興太子既通復私問穀梁而善
之其後浸微惟魯榮廣王孫皓星公二人受焉廣盡能傳其詩
春秋高才捷敏與公羊大師眭孟等論數困之故好學者頗復
受穀梁沛蔡千秋少君梁周慶幼君丁姓子孫皆從廣受宣帝
即位聞衛太子好穀梁春秋以問丞相韋賢長信少府夏侯勝
及侍中樂陵侯史高皆魯人也言穀梁子本魯學公羊氏迺齊
學也宜興穀梁時千秋爲郎召見與公羊家並說上善穀梁說
復求能爲穀梁者莫及千秋上愍其學且絕迺以千秋爲郎中
戶將選郎十人從受汝南尹更始翁君本自事千秋能說矣會

千秋病死徵江公孫爲博士劉向以故諫大夫通達待詔受穀梁欲令助之江博士復死迺徵周慶丁姓待詔保宮使卒授十人自元康中始講至甘露元年積十餘歲皆明習迺召五經名儒太子太傅蕭望之等大議殿中平公羊穀梁同異各以經處是非時公羊博士嚴彭祖侍郎申輓伊推宋顯穀梁議郎尹更始待詔劉向周慶丁姓並論公羊家多不見從願請內侍郎許廣使者亦並內穀梁家中郎王亥各五人議三十餘事望之等十一人各以經誼對多從穀梁由是穀梁之學大盛此今文家春秋之諍議也朱雲傳曰是時少府五鹿充宗貴幸爲梁邱易自宣帝時善梁邱氏說元帝好之欲考其異同令充宗與諸易

家論充宗乘貴辯口諸儒莫能與抗皆稱疾不敢會有薦雲者召入攝齋登堂抗首而請既論難連拄五鹿君故諸儒爲之語曰五鹿岳岳朱雲折其角由是爲博士此今文家周易之諍議也劉歆傳曰歆校祕書見古文春秋左氏傳歆大好之時丞相史尹咸以能治左氏與歆共校經傳歆略從咸及丞相翟方進受質問大義初左氏傳多古字古言學者傳訓故而已及歆治左氏引傳文以解經轉相發明由是章句義理備焉歆以爲左邱明好惡與聖人同親見夫子而公羊穀梁在七十子後傳聞之與親見之其詳略不同及歆親近欲建立左氏春秋及毛詩逸禮古文尚書皆列於學官哀帝令歆與五經博士講論其義

諸博士或不肯置對歆因移書太常博士責讓之曰昔唐虞既衰而三代迭興聖帝明王累起相襲其道甚著周室既微而禮樂不正道之難全也如此漢興去聖帝明王遐遠仲尼之道又絕獨有一叔孫通略定禮儀至孝文皇帝始使掌故朝錯從伏生受尚書尚書初出於屋壁朽折散絕今其書見在時師傳讀而已詩始萌芽天下衆書往往頗出皆諸子傳說猶廣立於學官爲置博士至孝武皇帝然後鄒魯梁趙頗有詩春秋先師皆起於建元之間當此之時一人不能獨盡其經或爲雅或爲頌相合而成泰誓後得博士集而讀之時漢興已七八十年離於全經固已遠矣及魯恭王壞孔子宅得古文於壞壁之中逸禮

有三十九篇書十六篇天漢之後孔安國獻之遭巫蠱倉卒之
難未及施行及春秋左氏邱明所修皆古文舊書多者二十餘
通藏於祕府伏而未發孝成皇帝閔學殘文缺稍離其眞乃陳
發祕藏校理舊文得此三事以考學官所傳經或脫簡傳或閒
編傳問民閒則有魯國桓公趙國貫公膠東庸生之遺學與此
同抑而未施此乃有識者之所惜閔士君子之所嗟痛也綴學
之士不思廢絕之闕信口說而背傳記是末師而非往古抑此
三學以尚書爲不備謂左氏爲不傳春秋豈不哀哉夫禮失求
之於野古文不猶愈於野乎往者博士書有歐陽春秋公羊易
則施孟然孝宣皇帝猶復廣立穀梁春秋梁邱易大小夏侯尚

書義雖相反猶並置之何則與其過而廢之也甯過而立之今
此數家之言以兼包大小之義豈可偏絕哉若必專己守殘黨
同門妒道眞違明詔失聖意以陷於文吏之議甚爲二三君子
不取也其言甚切諸儒怨恨是時名儒光祿大夫龔勝以歆移
書上疏深自罪責願乞骸骨罷及儒者師丹爲大司空亦大怒
奏歆改亂舊章非毀先帝所立上曰歆欲廣道術亦何以爲非
毀哉歆由是忤執政大臣爲衆儒所訕范升傳曰時尚書令韓
歆上書欲爲費氏易左氏春秋立博士詔下其議升起對曰左
氏不祖孔子而出於邱明師徒相傳又無其人且非先帝所存
無因得立遂與韓歆及太中大夫許淑等互相辯難日中乃罷

升退而奏曰臣聞主不稽古無以承天臣不述舊無以奉君陛下愍學微缺勞心經藝情存博問故異端競進近有司請置京氏易博士羣下執事莫能據正京氏既立費氏怨望左氏春秋復以此類亦希置立京費已行次復高氏春秋之家又有騶夾如令左氏費氏得置博士高氏騶夾五經奇異並復求立各有所執乖戾分爭從之則失道不從則失人將恐陛下必有厭倦之聽今費左二學無有本師而多反異先帝前世有疑於此故京氏雖立輒復見廢疑道不可由疑事不可行詩書之作其來已久奏立左費非政急務傳曰聞疑傳疑聞信傳信而堯舜之道存願陛下疑先帝之所疑信先帝之所信以示反本明不專

已天下之事所以異者以不一本也易曰天下之動貞夫一也
又曰正其本萬物理五經之本自孔子始謹奏左氏之失凡十
四事時難者以太史公多引左氏升又上太史公違戾五經謬
孔子言及左氏春秋不可錄三十一事詔以下博士陳元傳曰
時議欲立左氏傳博士范升奏以爲左氏淺末不宜立元聞之
詣闕上書曰陛下深愍經蓺謬雜眞僞錯亂知邱明至賢親受
孔子而公羊穀梁傳聞於後世故詔立左氏博詢可否示不專
已盡之羣下也今論者沈溺所習翫守舊聞固執虛言傳受之
辭以非親見實事之道左氏孤學少與遂爲異家之所覆冒夫
仲尼聖德而不容於世況於竹帛餘文其爲雷同者所排固其

宜也臣元竊見博士范升等所議奏左氏春秋不可立及太史公違戾凡四十五事案升等所言前後相違皆斷截小文媟黷微辭以年數小差擿為巨謬遺脫纖微指為大尤抉瑕擿釁掩其弘美所謂小辯破言小言破道者也升等又曰先帝不以左氏為經故不置博士後主所宜因襲臣愚以為若先帝所行而後主必行者則盤庚不當遷於殷周公不當營洛邑陛下不當都山東也往者孝武皇帝好公羊衛太子好穀梁有詔詔太子受公羊不得受穀梁孝宣皇帝在人間時聞衛太子好穀梁於是獨學之及即位為石渠論而穀梁氏興至今與公羊並存此先帝後帝各有所立不必其相因也臣元愚鄙嘗傳師言如得

以褐衣召見誦孔子之正道理邱明之宿冤若詞不合經事不稽古退就重誅雖死之日生之年也書奏下其議范升復與元相辯難凡十餘上帝卒立左氏學太常選博士四人元爲第一帝以元新忿爭乃用其次司隸從事李封於是諸儒以左氏之立論議讙譁公卿以下數廷爭之會封病卒左氏復廢賈逵傳曰肅宗立降意儒術特好古文尙書左氏傳建初元年詔逵入講帝善逵說使出左氏傳大義長於二傳者逵於是具條奏之曰臣謹擿出左氏三十事尤著明者斯皆君臣之正義父子之紀綱其餘同公羊者什有七八或文簡小異無害大體至如祭仲紀季伍子胥叔術之屬左氏義深於君父公羊多任於權變

其相殊絕固已甚遠而寃抑積久莫肯分明臣以永平中上言左氏與圖讖合者先帝省納臣言寫其傳詁藏之祕書建平中侍中劉歆欲立左氏不先暴論大義而輕移太常恃其義長詆挫諸儒諸儒內懷不服相與排之從是攻擊左氏遂爲重讎至光武皇帝奮獨見之明興立左氏穀梁會二家先師不曉圖讖故令中道而廢凡所以存先王之道者要在安上理民也今左氏崇君父卑臣子彊幹弱枝勸善戒惡至明至切至直至順且三代異物損益隨時故先帝博觀異家各有所采易有施孟復立梁邱尚書歐陽復有大小夏侯今三傳之異亦猶是也又五經家皆無以證圖讖明劉氏爲堯後者而左氏獨有明文五經

家皆言顓頊代黃帝而堯不得爲火德左氏以爲少昊代黃帝節圖讖所謂帝宣也如令堯不得爲火則漢亦不得爲赤其所發明補益實多書奏帝嘉之令逵自選公羊嚴顏諸生高才者二十人敎以左氏遠數爲帝言古文尚書與經傳爾雅詁訓相應詔令撰歐陽大小夏侯尚書古文同異逵集爲三卷帝善之復令撰齊魯韓詩與毛詩異同幷作周官解故八年乃詔諸儒各選高才生受左氏穀梁春秋古文尚書毛詩由是四經遂行於世此又古文與今文家諸經之諍議也是數者皆學術興衰之大端也范曄黨錮傳曰自武帝以後崇尚儒學懷經協術所在霧會至有石渠分爭之論黨同伐異之說守文之徒盛於時矣可見諍議之起實關兩漢一代之學術故史臣著之亦較他事倍詳也蓋其始通經者守七

十子後學之大義惟期於傳道解惑而已其後天子右文黜者
遂爭以異文起其家而務售其師之說言易者田王孫一家而
有施孟梁邱之學施讎一家又有張彭之學孟喜一家則有翟
白之學又有京氏之學梁邱賀一家則有士孫鄧衡之學言書
者兒寬張生各一家而有大小夏侯歐陽氏之學大夏侯有孔
許之學小夏侯有鄭張秦假李氏之學言詩者魯詩一家有韋
氏之學有張唐褚氏之學張生又有許氏之學齊詩一家有翼
匡師伏之學韓詩一家有王食長孫之學言禮者后倉一家有
大小戴慶氏之學大戴有徐氏之學小戴有橋楊氏之學言春
秋者公羊有顏嚴之學顏家又有泠任之學筦冥之學穀梁則

有尹胡申章房氏之學一經說至百餘萬言大師衆至千餘人其勢已不能不出於爭此據西京言之若後漢如樊儵就丁恭受公羊嚴氏春秋刪定章句世號樊侯學張霸就儵受嚴氏公羊春秋傳覽五經以儵所刪猶多繁詞乃減之爲二十萬言更名張氏學桓榮習歐陽尚書受朱普學章句四十萬言浮詞繁長多過其實減爲二十三萬言榮子郁後刪省定成十二萬言由是有桓君大小太常章句楊終深曉春秋學多異聞改定章句十五萬言張奐師事朱寵學歐陽尚書初年氏章句浮詞繁多有四十五萬餘言奐減爲九萬言劉陶明尚書春秋爲之訓詁推三家尚書及古文是正文字三百餘事名曰中文尚書若斯者流派繁衍皆見於史至春秋有騶氏夾氏易有高氏騶氏無師夾氏無書高氏未立學官當時傳習已希故不數之而入主又以私意從而左右之五經離析欲學統之昌明上契我孔子垂世立敎之心傳固已難矣漢承暴秦褒顯儒術建立五經爲置博士其後學者精進雖曰承師亦別名家魯丕傳丕上疏曰臣聞說經者傳先師之言非從己出不得相讓相讓則道不明難者必明其據說者務立其義浮華無用之言不陳於前故

精思不勞而道術愈章法異者各令自說師法博觀其義徐防
傳防以五經久遠聖意難明宜爲章句以悟後學上疏曰臣聞
詩書禮樂定自孔子發明章句始於子夏其後諸家分析各有
異說漢承亂秦經典廢絕本文略存或無章句收拾缺遺建立
明經博徵儒術開置太學孔聖既遠微旨將絕故立博士十有
四家設甲乙之科以勉勸學者所以示人好惡改敝就善者也
伏見太學試博士弟子皆以意說不修家法每有策試輒興諍
訟論議紛錯互相是非孔子稱述而不作又曰吾猶及史之闕
文疾史有所不知而不肯闕也今不依章句妄生穿鑿以遵師
爲非義意說爲得理輕侮道術寖以成俗誠非詔書實選本意
可見當時傳經家學派之分歧故二人慨乎言之本
初元年所以有先能通經者各令隨家法之詔也　又何怪王
璜庸生徐敖賈護劉歆鄭眾諸人以其古文家學起而乘其後
哉六藝大義本以經世自流派分歧經世意荒經生無所折衷
始折而考古以訓詁章句名其家此亦時會使然非諸儒咎
也嗟乎言隱於榮華道隱於小成此孟堅所謂利祿之途然也
世有諟孤學譒正變者鑒於兩漢興衰之故可以憬然寤已

易論

生人之初尚哉遠矣謂天地有始乎吾不得而知之也謂天地無始乎吾亦不得而知之也然而古代創教之聖人往往推闡天地未始有始之初秉之以立宰御天下之本乾鑿度曰有太易有太初有太始有太素太易者未見氣也太初者氣之始也太始者形之始也太素者質之始也易無形畔易變而爲一一變而爲七七變而爲九九者氣變之究也乃復變而爲一一者形變之始淸輕者上爲天濁重者下爲地物有始有壯有究故三畫而成乾乾坤相並俱生物有陰陽因而重之故六畫而成卦易無形畔者太易也未見氣也說文气雲气也雲山川气也此已非本義實則古書所謂

氣專指氣氤之最初者略如内典微塵種子耳故莊子曰氣出虛蒸成菌菌生物之胎兆也

太初則有氣矣太始則有形矣太素則有質矣由氣浸假而形由形浸假而質由質浸假而分爲萬物萬物之生父日母月日月推遷以成寒暑寒暑代謝以成四時

易從日月而干支之數亦從日月鄭康成曰日之行春東從青道發生萬物月爲之佐時萬物皆解孚甲自抽軋而出故名甲乙日之行夏南從赤道長育萬物月爲之佐時萬物皆炳然著見而強大故名丙丁日之行四時之間從黃道月爲之佐至此萬物皆枝葉茂盛其含秀者抑屈而起故名戊己日之行秋西從白道成熟萬物月爲之佐萬物皆肅然改更秀實新成故名庚辛日之行冬北從黑道閉藏萬物月爲之佐時萬物懷任於下揆然萌芽故名壬癸班固律歷志亦謂太極元氣函三爲一極中也元始也行於十二辰此陰陽合德化生萬物者也蓋古代謂萬物生於日月因推日月運行成歲之期以爲萬物發生之次第故易象與歷家推步之學同源而異流觀易緯多明占候可見

於是乎有始有壯有究究則復返於無形矣故易者日月象也日

月者陰陽遞嬗之本也陰陽者對待之詞也大言之爲天地顯言之爲男女以事言之曰治亂以道言之曰從違而當太極之由一生二也則僅知其爲對待而已故聖人假借陰陽二名以楷定之惟其爲假定故陰陽之名隨處可稱不拘於一物一事也雖然太始之初布氣也先生陰乎先生陽乎抑二者無因而俱生乎又一疑問也聖人曰天下之動貞夫一者也陰不自生麗陽而生當陰與陽之未離也則謂之太極及陰與陽之既分也則謂之兩儀太極卽老子所謂道生一也兩儀卽老子所謂一生二也自二而三自三而萬而天地變化之迹盡於此矣古人積算之字皆從天數而起皋文先生曰說文解字之義惟初太始道立於一二三四皆從積數五象交午六從入而八分七象氣出於一八象分別相背之形九象屈曲究盡十象氣具四方中央易變而爲一者太易動而有氣也積三午五動七而上出故曰一變而爲七至九而究盡故曰七變而爲九乃復變而爲一此可考當日聖人造字之原始也聖

人曰此天地變化之迹何本本本於一陰一陽之道而已一陰一陽之道何本本於太極而已太極者形變之始也有始必有卒有始有卒則可以施吾教矣於是畫八卦以象之以三畫象一七九而謂之乾卽太極也臯文先生曰太極不可見以其主乎天故指太一以況之鄭氏云太一北辰之神名居其所曰太一常行於八卦日辰之間卽變化消息也太極之行又不可見故指日月斗以況之日月相運而成四時二十四氣七十二候是太極變化之迹故謂之神神卽太極也自太一居所則謂之道一陰一陽一二七八九六是已易者合道與神而名太極者也既立乾然後效之而爲坤則以乾象天以坤象地七九象陽之氣八六象陰之氣而以一爲乾元臯文先生曰其在爻則爲復初以其爲乾之最初也二麗於一乾有元而坤凝之以爲元其實坤無元也由是而觀乾元之行一施而爲坎再施而爲離一息而爲震再息而爲兌坎陽之中以爲

月而配冬天地一生水乾元亦一生坎也離陽之見以爲日而配夏天地二生火乾元亦二生離也震陽之生以爲雷而配春三生木也兌陽之成以爲雨而配秋四生金也此兩儀生四象矣既象其息乃復象其消兌之反爲巽雨之散則爲風震之反爲艮雷自上則爲霆於是乾下就坎以成陽而配寒坤上就離以成陰而配暑與日月之象合焉繫曰剛柔相摩八卦相蕩鼓之以雷霆潤之以風雨日月運行一寒一暑謂此也此四象生八卦也由是而布之分乾三畫象天地人而以坤配焉一陰一陽逆錯而上初乾二坤爲地道三乾四坤爲人道五乾上坤爲天道繫曰天尊地卑乾坤定矣卑高以陳貴賤位矣虞氏注曰乾高貴五坤卑賤二列貴賤者存乎位也乾以二

五摩坤成三男卦震坎艮皆陽坤以二五摩乾成三女卦巽離兌皆陰乾坤以二五相摩謂重乾爲六爻皆陽七九重坤爲六爻皆陰八六以爲陰陽消息之本所謂剛柔立本者此也各就其貞於六位而變之乾坤貞二五是爲定位艮兌貞天位是爲通氣震巽貞地位是爲相薄坎离貞人位是爲不相射十有八變而六子之卦成乾坤與六子並列是爲八卦而小成此庖犧氏之所以幽贊神明者也六子之卦旣成乾坤與之並列然後可以消息而生六十四卦矣消息之法以陰順陽以陽通陰陽出震爲復息兌爲臨盈乾爲泰泰反否括囊成觀終於剝而入坤復反於震所謂以陰牡陽滅出復震爲餘慶也剝象曰君子尚消息盈虛天行也虞注易虧巽消艮出震息兌盈乾虛坤夬出乾剝入坤皆乾元爲之所謂以乾原始以坤要終者此也陽虧於巽爲遯遯遯諸卦不曰陰息而曰陽消者易以乾元爲主此聖人扶陽

抑陰之意消艮爲遯虛坤爲否否反泰變成大壯決於夬而就乾復入於巽所謂以乾通坤極遘生巽爲餘殃也臨遯所生各四卦臨有升明夷解震遯有无妄訟家人巽泰否所生各九卦泰有井既濟損歸妹節賁旅蠱隨否有困未濟漸咸渙噬嗑豐益恆大壯觀所生各二卦大壯有需兌觀有晉艮小過中孚二卦其消息在臨觀遯大壯之間而不旁通自乾坤生者謙履師同人比大有离坎屯鼎皆剝復中間將出震之消息豫小畜萃大畜蹇睽大過頤蒙革皆夬遘中間將遘巽之消息而乾坤坎离之象見焉所謂坎离乾坤之舍乾坤既合二卦爲舍出生萬物者也自復至坤乾息出震是曰陽盈自遘至乾坤消入巽是曰陰虧陽盈不可過過則必衰故於泰之反否也抑而誠之陰虧無不極極則返始故於否之變泰也扶而正之而天人終始之奧備焉天之道一陰一陽人之道一盛一衰出陽則知生入陰則懼死將盛則託吉方衰則寄凶聖人於是

設卦觀象繫詞焉以斷其吉凶是之謂爻爻也者效此者也象也者象此者也象之貴賤存乎位爻之吉凶生乎動有動而後有吉凶有吉凶而後有悔吝悔吝者憂虞之象悔謂不如此吝謂必如此也悔吝皆在吉凶將萌之閒故繫詞以小疵解之有悔吝而後有變通之術而六十四卦三百八十四爻始可利用而無遺矣繫曰剛柔者立本者也謂乾坤並列不由爻變變通者趨時者也謂分陰分陽迭用柔剛坤爲善以乾通坤所謂繼之者善乾爲性以坤疑乾所謂成之者性剛柔相交人道始成故周易以變爲占也以六位言之凡卦皆當變成既濟其不成既濟者陰陽詘仰爲之也是故有卦變之例取兩卦旁通者交錯之以觀其所之是故有爻變之例取六爻不當其位者移易之以觀其應否此常例也又有所謂權者虞氏漸上九注曰謂三變受成既濟與家人象同義三已得位又變受上權也孔子曰可與適道未可與權宜

死怪焉皋文說之曰家人遯消卦也消卦不成旣濟以其不能正受也九三體乾三以乾元濟遯故權變受上則旣濟成漸否爲泰之始君子行權之時故又發此義故知權而一歸於乾元變統乎家人九三六十四卦中可以例求矣

用九而天下治乾元者消息之神消息者乾元之用聖人以此洗心退藏於密吉凶與民同患者也原始及終故死生之說可得而明窮理盡性以至於命故幽明之故可得而要精氣爲物遊魂爲變故鬼神之情狀可得而窮神以知來智以藏往故無有遠近幽深可得而知引而中之觸類而長之天下之能事畢矣易與天地準故能彌綸天下之道非夫聰明睿智神武而不殺者孰能與於此哉故曰作易者其有憂患乎蓋不憂患無以有易也六經以易爲之原吾今讀易而始有以知聖人之情見

乎辭已

周易之用不先知所值何卦則不能推陰陽消息欲知所值何卦非卜筮不可但古人所謂卜筮者謂卜得此爻筮得此卦變通之以占進行之方術應吉應凶耳吉凶由於消息消息有一定之理天也觀其消息變通其術以應之則無一定之理人也故卜筮者天與人參之道也後世卜筮家專求休咎而不問用術如何蔽於天而不知人豈聖人以易垂教之本意哉此篇據皐文先生說明其大義若欲考卜筮之原漢京房積算易傳言之詳矣余固未能一一推闡之也庚戌五月孟劬自記

春秋論

嘗聞之董生矣春秋之道奉天而法古雖有巧手弗修規矩不能正方圓雖有察耳不吹六律不能定五音雖有智心不覽先王不能平天下先王之遺道天下之規矩六律也故聖者法天賢者法聖此其大數也得大數而治失大數而亂此治亂之分也天下無二道故聖人異治同理古今通達故先賢傳其法於後世道莫備於詩書易禮詩書易禮之法莫備於春秋然則後有聖王欲撥亂而反之正舍春秋何以哉春秋者孔子憂患來世之書也是非二百四十二年之中據行事仍人道因興以立功敗以成罰假日月以定歷數藉朝聘以正禮樂其所褒諱貶

損之文辭略如周易之有假象焉周易以天治人故假天象吉凶以示之春秋以人希天故假人事善敗以明之易本隱以至顯春秋推見至隱是二經者皆聖人之極致治世之要務也漢書五行志曰昔殷道弛文王演周易周道敝孔子述春秋則乾坤之陰陽效洪範之咎徵天人之道粲然著矣春秋與易相準故董仲舒治公羊而班固謂其始推陰陽爲儒者宗也隱元年公及邾儀父盟於昧魯史因其末王命故不書爵而孔子假之則以稱字示褒辭焉何休曰春秋王魯託隱公以爲始受命王因儀父先與隱公盟可假以見褒賞之法是也十二月公子益師卒魯史因公不與小斂故不書日而孔子假之則以明所傳聞之世恩有厚薄義有深淺焉何休曰於所傳聞之世見治起於衰亂之中用心尚粗觕故

內其國而外諸夏先詳內而後治外錄大略小是也莊十八年公追戎於濟西不言其來魯史以爲諱之也而孔子因而筆之著其爲中國除害也閔公元年不書卽位魯史以爲亂故也而孔子因而削之著其爲繼弑君不可以言卽位也據此知孔子之修春秋不過本魯史事迹明其成敗之所由然以告後王未嘗鰓鰓焉褒貶當時人物與族史同科也其口說異同皆表嫌明微之義非是則一仍舊文矣學者參觀三傳自見至如祭仲廢君而行權非與其廢君也假祭仲之事以明應變者當反經合權也漢公孫玃說梁孝王曰昔者鄭祭仲許宋人立公子突以活其君非義也春秋記之爲其以生易死以存易亡也此與孟子社稷次之君爲輕義正相同非褒祭仲也後人解者多誤叔術妻嫂而讓國非取其妻嫂也假叔術之事以明治國者當以禮讓爲先也趙盾之忠也而不討賊非責趙盾也假趙

盾以立君臣之義也許止之孝也而不嘗藥非誅許止也假許止以正父子之恩也神無方而易無體春秋之書事亦從變而移易晉陰陽明消息歸於乾元用九而天下治春秋亦以元之深正天之端以天之端正王之政以王之政正諸侯之位五者俱正而化大行三統歷曰經元一以統始易太極之首也春秋二以目歲易兩儀之中也於春每月書王易三極之統也於四時雖亡事必書時月易四象之節也時月以建分至啟閉之分易八卦之位也象事成敗易吉凶之效也朝聘會盟易大業之本也故易與春秋天人之道也是故觀乎蒲社知驕溢之罰觀乎許田知諸侯不得專封觀乎齊桓晉文宋襄楚莊知任賢奉上之功觀乎魯隱祭仲叔武孔父荀息仇牧吳季子公子目夷知忠臣之效觀乎楚公子比知臣子之道效死之義觀乎潞子知無輔

自詛之敗觀乎公在楚知臣子之恩觀乎漏言知忠道之絕觀乎獻六羽知上下之差觀乎宋伯姬知貞婦之信觀乎晉獻公知逆理近色之過觀乎楚昭王之伐蔡知無義之反觀乎晉厲之妄殺無罪知行暴之報觀乎陳佗宋閔知嫉淫之過觀乎虞公梁亡知貪財枉法之窮觀乎楚靈知苦民之壞觀乎魯莊之起臺知驕奢淫泆之失觀乎衞侯朔知不即召之罪觀乎執凡伯知犯上之法觀乎晉郤缺之伐邾婁知臣下作福之誅數語有郎因推效者有由末溯本者所謂睹指知歸繫心於微而致之著也不可泥一時一事觀之語曰人君居陰而爲陽人臣居陽而爲陰陰道尚形而露情陽道無端而貴神陽息於陰則治陰消於陽則亂治亂之幾天人之際葢聖人以爲

甚可畏也太史遷曰春秋之中弑君三十六亡國五十二諸侯奔走不得保其社稷者不可勝數察其所以皆失其本已故有國者不可以不知春秋前有讒而弗見後有賊而不知爲人臣者不可以不知春秋守經事而不知其宜遭變事而不知其權爲人君父而不通於春秋之義者必蒙首惡之名爲人臣子而不通於春秋之義者必陷篡弑之誅董仲舒亦曰古之人有言不知來視諸往今春秋之爲學也道往而明來者也然而其辭體天之微故難知也弗能察寂若無能察之無物不在是故爲春秋者得一端而多連之見一空而博貫之則天下盡矣微乎微乎非通天人終始之故陰陽變化之神者奚足語於此乎不

明乎此而欲以族史視春秋無惑乎謂孔子爲抱殘守缺之迂儒而羅泌路史馬驌繹史皆將賢於萬世不刊之經矣聖人有知憂患當如何也春秋與族史不同韓退之所謂誅姦諛於既死發潛德之幽光自指族史而言非所以解春秋也錢竹汀有論孔子作春秋亂臣賊子懼文立義精允學者參證之則知春秋一經之宗趣矣

春秋陰陽大義備詳於董子蕃露自東漢章句學興何休而後未有見及於此者也此篇與易論禮論所推皆聖人微旨惜詩書二經口說殘廢等諸盇闕耳然翼奉之學本傳略存梗概齊詩多主性情故與陰陽相表裏遺說緯書亦略具之洪範災異劉向諸儒所明五行志中尚可參考災異爲言尚書之一耑又經班氏要删故多迂誕一偏之解然實古代學想也演而究之是在來哲矣孟劬自記

禮論

張薦上疏曰聖人所美政道至要本在禮樂五經同歸而禮樂之用尤急若是乎聖人之急言禮也雖然三王不相襲禮五帝不相沿樂禮也者因民而作追俗爲制者也意者古禮不宜於今之世乎曰否治禮者貴其義而已知其義則不泥其儀節矣夫禮由人起人生有欲欲而不得則不能無忿忿而無度量則爭爭則亂先王惡其亂也爲之緣人情而制禮依人性而作儀至孔子修而定之豈徒取先王已陳之芻狗使人倀倀焉冥行而已哉蓋將因其禮以明其理因其儀以示其義耳班固韋元成傳贊曰禮文缺微古今異制各爲一家未易可偏定也余謂此皆言禮者泥儀節而不求義之過耳禮文雖缺豈有古今之分哉然

則禮之義何自始乎曰禮人道之極也始於天與人相爭終於人與天相濟人之所得乎天者性情也性情有七喜怒哀樂愛惡欲七者天下之大本有中和之德焉聖人知位天地而育萬物者非此莫由也於是乎順而導之指惻隱之心謂之仁充類至仁之盡而仁不可勝用矣羞惡之心謂之義充類至義之盡而義不可勝用矣恭敬之心謂之禮充類至禮之盡而禮不可勝用矣是非之心謂之智充類至智之盡而智不可勝用矣惻隱羞惡辭讓是非皆身體自備之作用賦畀於天惟擴而充之以及乎人人始有仁義禮智之可言故仁義禮智以四者爲端孟子曰凡有四端於我者知皆擴而充之矣若火之始然泉之始達苟能充之足以保四海苟不充之不足以事父母後儒求仁義禮智於四端而不言擴充此玄虛之學實非聖敎本誼仁義禮智之性根於心而其原則

命於天所謂生之謂性也人無不愛其生而有與生相緣者曰
飲食男女有與生相反者曰死亡貧苦飲食男女人之大欲存
焉死亡貧苦人之大惡存焉大欲起大惡積好惡無節於內知
誘於外不能反躬天理滅矣於是有悖逆詐僞之心有淫泆作
亂之事强者脅弱衆者暴寡疾病不養老幼孤獨不得其所仁
義禮智五常之性至此全漓則大亂之道也聖人知其然也爲
之制禮以節之飲食不讓則必爭於是制爲進食之禮左殽右
胾食居人之左羹居人之右膾炙處外醯醬處內葱渫處末酒
漿處右主人與辭於客然後客坐主人延客祭三飯然後辯殽
所以敎讓也制爲飲酒之禮主人親速賓及介三揖至階三讓

以賓升賓酬主人主人酬介介酬衆賓修爵無算所以明貴賤辨隆殺和樂而不流弟長而無遺安燕而不亂也飲食之禮旣飭由是而推之使我始飲食者誰歟天歟地歟祖父歟則不見之矣於是制爲祭祀之禮燔柴於泰壇祭天也瘞埋於泰折祭地也埋少牢於泰昭祭時也郊之祭也君牽牲穆答君太廟之內君親制祭夫人薦盎君親割牲夫人薦酒洞洞乎其敬也屬屬乎其忠也勿勿乎其欲其饗之也則取飲食報本反始之道也以此坊民民然後無敢以飲食作亂者矣謹徵諸記曰尊讓絜敬也者君子之所以相接也君子尊讓則不爭絜敬則不慢不慢不爭則遠於鬬辨矣不鬬辨則無暴亂之禍矣斯君子所

以免於人禍也男女相悅者天也男女瀆則陰陽亂矣聖人於
是制爲昏姻之禮納采問名納吉納徵請期主人筵几於廟敬
愼重正昏禮也父親醮子而命之迎男先於女也共牢而食合
巹而酳合體同尊卑以親之也敬愼重正而後親之禮之大體
所以成男女之別而立夫婦之義也制爲相見之禮男女非有
行媒不相知名非受幣不交不親所以遠嫌也制爲助祭之禮
君純冕立於阼夫人副褘立於東房士執芻宗婦執盎從君執
鸞刀羞嚌夫人薦豆此之謂夫婦親之所以序人倫承先祖也
君子之道造端乎夫婦以此坊民民然後無敢以男女興戎者
矣謹徵諸記曰昏禮者萬世之始也取於異姓所以附遠厚別

也男女有別然後父子親父子親然後義生義生然後禮作禮作然後萬物安無別無義禽獸之道也聖人之節民欲如此故曰禮者節民心者也班書禮樂志曰人函天地陰陽之氣有喜怒哀樂之情天稟其性而不能節也聖人能爲之節而不能絕也故象天地而制禮樂所以通神明立人倫正性情節萬事者也蓋禮樂之爲制一張一弛歸之於中聖人用以坊民之好惡而非絕民之好惡以絕好惡爲禮樂矯枉過正而節之之義荒矣雖然民之欲節矣而有必不得免於天者則死亡貧苦是矣聖人於是又制爲養生送死之禮農田百畝上農夫食九人下農夫食五人庶人在官者其祿以是爲差所以均貧富也五十養於鄉六十養於國七十養於學所以敬高年也及其死也喪三日而殯凡附於身者必誠必信三月而葬凡附於棺者必誠必信飯於牖下小歛

於戶內大斂於阼殯於客位祖於庭葬於墓所以即遠也以此坊民民然後無敢以死亡貧苦變節者矣謹徵諸記曰大道之行也使老有所終壯有所用幼有所長矜寡孤獨廢疾者皆有所養是故謀閉而不興盜竊亂賊而不作再徵諸記曰人死斯惡之矣無能也斯倍之矣是故制絞衾設蔞翣爲使人勿惡也由是觀之禮也者非以極口腹耳目之欲也將以敎民平好惡而反人道之正也欲平好惡而反人道之正舍禮何以哉此聖人之所以急言禮也然則聖人之禮制其大成矣乎曰未也凡禮始於脫成於文終於隆聖人之於禮也不徑而致也故同一祭禮也而天子七廟諸侯五廟大夫三廟異等爲同一喪禮也

而天子八翣諸侯六翣大夫四翣殊制焉所以定尊卑也同一祭獻之數也而分爲一獻熟三獻爓焉同一喪服之等也而別爲男子免婦人髽焉所以辨同異也而且禮行於疏遠也則爲之贄見之禮以聯之禮行於尊親也則爲之聘覲之禮以導之爲之冠禮所以責成人之道也爲之射禮所以觀與賢之效也君臣朝廷尊卑貴賤之序下及黎庶車輿衣服宮室飲食嫁娶喪祭之分事有宜適物有節文故曰禮也者猶體也體不備君子謂之不成人設之不當猶不備也又曰禮者養也君子既得其養又好其辨也所謂辨者貴賤有等長少有差貧富輕重皆有稱也夫如是始可以盡人之性能盡人之性始可以贊天地

之化育可以贊天地之化育始可與天地參矣其在記曰大道之行也天下爲公選賢與能講信修睦故人不獨親其親不獨子其子天不愛其道地不愛其寶人不愛其情天降膏露地出醴泉鳳凰麒麟皆在郊棷龜龍在宮沼其餘鳥獸之卵胎皆可俯而闚也其在詩曰維天之命於穆不已於乎不顯文王之德之純其在易曰時乘六龍以御天天且弗違而況於人乎況於鬼神乎其在書曰天工人其代之天秩有禮自我五禮五庸哉政事懋哉懋哉言大聖人制禮作樂治定而功成也是之謂人與天相濟天也者人道之所以成始而成終也道家之言曰人法地地法天子思贊孔子曰大哉聖人之道洋洋乎發育萬物

峻極於天又曰天之所覆地之所載凡有血氣者莫不尊親故曰配天皆人與天相濟之義也能知人與天相濟之義則孔子定禮以制法後王者一以貫之矣豈必效會禮之家名爲聚訟哉

史徵卷第七終

史微卷第八　多伽羅香館叢書第一種

內篇　錢塘張采田孟劬譔

古經論

章實齋先生著原道篇以謂集大成者爲周公而孔子之删述六藝則所以學周公也自此論出而先聖後聖始若分茅而設蕝矣不知周孔不容軒輊也孔子以前不必有周公而周公以後則不可無孔子天不生周公不過關係一姓之興亡而已而犧農堯舜禹湯文武之書猶在也天不生孔子則羣聖人之道盡亡雖有王者無從取法矣

儒家流派原於堯舜而成於周公故荀卿論儒效首及周公孟子亦謂陳良悅周公仲尼之道淮南要略曰武王繼文王之業以踐天子之位天下未定海內未輯武王欲昭文王之令德使夷狄

各以其賄來貢遼遠未能至故治三年之喪殯文王於兩楹之間以俟遠方武王立三年而崩成王在襁褓之中未能用事蔡叔管叔輔公子祿父而欲爲亂周公繼文王之業持天子之政以股肱周室輔翼成王懼爭道之不塞臣下之危上也故縱馬華山放牛桃林敗鼓折枹搢笏而朝以甯靜王室鎭撫諸侯成王既壯能從政事周公受封於魯以此移風易俗孔子修成康之道述周公之訓以教七十子使服其衣冠修其篇籍故儒者之學生焉是則周公之創制固孔子所祖述矣然有今文古文不同者一則孔子不純乎儒家而以儒家傳諸弟子一則六藝爲制法後王之書重其義不重其事故後世流傳有二者之區別非通損益之微意蓋不足以知之也

何則周公思兼三王監於二代集犧農羣聖人之大成爲一代致太平孔子則祖述堯舜憲章文武集周公之大成爲萬世立名教爲一代致太平則典章制度不能不詳備爲萬世立名教則不惟典章制度而已必有其精義存焉故周易史也而孔子贊之詩書史也而孔子刪之禮樂史也而

孔子定之春秋史也而孔子筆削之非敢僭越王章也以爲後王制法不得不然也列子載孔子之言曰曩吾修詩書正禮樂將以治天下遺來世非獨修一身治魯國而已是夫子刪定大旨已自揭之來世統指後王五經家有爲漢制作之讖博士之訣言也若如章氏言則是孔子專以周公之典章制度教人矣以周公之典章制度教人則是當强幹弱枝之朝而議居攝之典禮生郡縣之天下而欲開明堂朝諸侯也夫一代之典章制度一代之風化繫焉文質異尙如循環雖以犧農堯舜禹湯文武之創制不能歷久而不變而況周公一王之法哉此非劣周公也亦時會不得不然也語曰殷因於夏禮所損益可知也周因於殷禮所損益可知也其或繼周者雖百世可知也是孔子之取法周公也一損一

益或因或創蓋非執中無權者所得藉口矣學古者貴其道非貴其繁文末節中庸曰君子而時中孟子曰孔子聖之時者也易曰隨之時義大矣哉風俗異宜聖人必不泥古以馭天下也然則何以尊周公曰欲尊周公亦惟以孔子之言爲定可也夫六藝皆周公之舊籍也而有經孔子別識心裁者則今文諸說是也有未經孔子別識心裁者則古文諸說是也今文爲經經主明理故於微言大義爲獨詳古文爲史史主紀事故於典章制度爲最備典章制度乃周公致太平之跡而孔子損益之所從出也豈可以口說之所未傳而棄之哉余既本七十子大義備論六藝垂世立教之義今復取古文諸經理而董之後有君子庶幾得以覽觀焉曰禮周官曰春秋左氏傳曰詩毛氏傳凡三種皆

古文也經原於史劉歆旣取古文諸史附經以行此外若國語爲春秋之外篇國策爲從橫之別乘竹書訛上古瑣聞越絕備偏方掌錄穆傳近起居注世本官譜諜書分別部居具載流略亦古史之支與流裔也以非周公制作不得與古文諸史並衡源流分合別著於篇

周禮者周公之職官錄也雖非孔子所手定而不可謂非周公致太平之跡惟其非孔子所手定故臨孝存以爲武帝知周官末世瀆亂不驗之書作十論七難以排棄之何休亦以爲六國陰謀之書惟其爲周公致太平之跡故劉歆寶玩之置學官弟子馬融鄭康成爲之傳注使周官義得條通考儒林傳漢興高堂生傳禮十七篇而魯徐生善爲容孝文時徐生以容爲禮官大夫而瑕邱蕭奮以禮至淮陽太守孟卿東海人也事蕭奮以

授后倉后倉說禮數萬言號曰后氏曲臺記授戴德戴聖鄭康
成云五傳弟子則高堂生蕭奮孟卿后倉戴德戴聖是爲五也
此所傳者謂十七篇卽今儀禮也據此則周官非孔子所傳明
矣周官出於孝武之世馬融傳曰秦自孝公已下用商君之法
其政酷烈與周官相反故始皇禁挾書特疾惡欲絕滅之搜求
焚燒之獨悉是以隱藏百年孝武帝始除挾書之律開獻書之
路旣出於山巖屋壁復入於祕府五家之儒莫得見焉至孝成
皇帝達才通人劉向子歆校理祕書始得列序著於錄略然亡
其冬官一篇以考工記足之時衆儒竝出共排以爲非是唯歆
獨識爲周公致太平之跡所謂禮失求野與其過而廢之寧過

而立之也余嘗卽鄭康成注徵之天官冢宰第一鄭君說之曰象天所立之官天者統理萬物天子立冢宰使掌邦治亦所以總御衆官使不失職不言司者太宰總御衆官不主一官之事也地官司徒第二鄭君說之曰象地所立之官地者載養萬物天子立司徒掌邦敎亦所以安擾萬民也春官宗伯第三鄭君說之曰象春所立之官春者出生萬物天子立宗伯使掌邦禮典禮以事神爲上亦所以使天下報本反始不言司者鬼神示人之所尊不敢主之故也夏官司馬第四鄭君說之曰象夏所立之官夏者整齊萬物天子立司馬共掌邦政政可以平諸侯正天下也秋官司寇第五鄭君說之曰象秋所立之官秋者遒

也殺害收聚斂藏萬物天子立司寇使掌邦刑刑者所以驅恥惡納人於善道也冬官司空第六鄭君說之曰象冬所立之官冬者閉藏萬物天子立司空使掌邦事亦所以富充國家使民無空者也而又總論其要曰古周禮六篇者天子所專秉以治天下諸侯不得用焉周官之精義蓋盡於此矣孟子曰周公思兼三王施於四事解者謂四事春夏秋冬也論語亦曰周監於二代郁郁乎文哉今觀六典之建設也智周萬物而又取法於天地四時豈非郁郁乎太平之極致哉或曰周官旣爲周公致太平之書而孔子獨不傳之何也曰此非孔子不見周官也亦非有所鄙夷也孔子爲後王制法必取其萬世行之而無敝者

始加王心焉周官爲周公典章制度之書典章制度之沿革歷代不同政如開元五禮大明會典之類耳若泥古而誤用之則禍人家國矣（如王莽蘇綽王安石之事可見）此孔子不傳周官之微意也（兩漢注周官者極多無一人敢以口說附會者足爲孔子不傳周官之確證）雖然謂孔子不傳周官無害也因周官不傳於孔子遂謂劉歆所僞造則淺儒之陋也蓋周官最爲晚出至劉歆校録而其書始布觀於後漢儒林傳所載劉歆之後則有河南緱氏杜子春能通其讀頗識其說鄭衆賈逵皆受業焉衆逵洪雅博聞又以經書記轉相證明爲解其後馬融亦爲解詁以傳鄭康成康成之言曰元竊觀二三君子之文章顧省竹帛之浮辭其所變易灼然如晦之見明其所彌縫

砉然如合符復析斯可謂雅達廣攬者也周官之授受分明如此使果出於劉歆僞造鄭賈諸儒耳目最近無庸不知安肯以爲周公致太平之跡而傳道解惑若是之盛哉再證之漢書河閒獻王傳獻王所得書皆古文先秦舊書周官尚書禮禮記孟子老子之屬藝文志河閒獻王與毛生等共采周官及諸子言樂事者以作樂記經典敘錄亦言河閒獻王時有李氏上周官五篇失事官一篇乃購千金不得取考工記補之然則周官行世遠在劉歆之前僞造之誣更不攻而自破矣昔汪容甫著周官徵文舉六徵以發明之其中引逸周書毛詩生民傳藝文志所言之樂章皆古文也今不具論至太傅禮朝事載秋官典瑞

大行人小行人司儀職文禮記燕義載夏官諸子職文內則載天官食醫庖人內饔職文此則今文口說同乎周官者也此亦可證孔子非不見周官也若其不同者則建都之制不與召誥洛誥合封國之制不與武成孟子合設官之制不與周官合九畿之制不與禹貢合井田爵祿之制不與王制合此據宋儒孫氏說約略言之讀者不可泥一為三代之通行一為周公之創制一為孔子之所述一為舊史之所紀家法異傳後有通經者信古而闕疑焉可也要之周官一經與十七篇本不同科自劉歆列諸禮類西漢儒者無有以周官為周禮者左傳所言之周禮皆指儀禮而言非周官也以周官為周禮實始於劉歆其後馬鄭諸人從之荀悅曰劉歆以周官六篇為周禮王莽時奏以為經置博士可謂得其實矣儒者憤其與孔子手定之六藝相亂也夢夢然

而攻之欲使周公致太平之跡鏟滅而無存可謂矯枉而過其直矣誠知周官爲周公致太平之跡則縱非孔子所傳又何嘗不與六藝並垂於天壤哉

春秋之有左氏傳也聚訟更烈於周官矣周官非孔氏所傳而左氏傳則先儒皆謂其受經於仲尼意者古文家法亦孔子之緒言歟曰否西漢諸儒有言左氏不傳春秋不傳春秋者謂不傳孔子口說之春秋也然余考之左氏不傳孔子之春秋而未嘗不爲孔子之春秋詳本事惟其所詳之本事皆據魯國舊史周公典策之遺邱明廣記而備言之者所以明夫子不以空言說經也若夫素王受命並教之大義皆七十子後學之所傳則

非左氏所能預聞矣何以知左氏傳據魯國舊史周公典策之遺哉案春秋者魯史記之名也記事者以事繫日以日繫月以月繫時以時繫年所以紀遠近別同異也故史之所記必表年以首事年有四時故錯舉以爲所記之名也周禮有史官掌邦國四方之事達四方之志諸侯亦各有國史大事書之於策小事簡牘而已孟子曰楚謂之檮杌晉謂之乘而魯謂之春秋其實一也韓宣子適魯見易象與春秋曰周禮盡在魯矣吾乃今知周公之德與周之所以王韓子所見蓋周之舊典禮經也故曰魯國猶秉周禮於斯見之矣左邱明魯太史也身爲國史躬覽載籍故能據舊例而發義上以遵周公之遺制下以明將來

之法杜預所稱其發凡以言例皆經國之常制周公之垂法史書之舊章者此之謂也是故傳之通例有二一曰書之例一曰不書之例其詳均具杜氏春秋釋例中而其大綱則尤在於凡凡者何國史載筆之總要而亦周公當日經國之遺制也傳曰春秋之稱微而顯志而晦婉而成章盡而不污懲惡而勸善非聖人誰能修之此聖人卽指周公而言或謂聖人修之應是指孔子者邱明與孔子同時不當豫稱聖人益此語宜虛看言非有聖人不能修此春秋也若指周公似亦通今姑兩存鄙解俟好學者覈之是則左氏雖不預聞孔子之口說而周公典策之遺未嘗不藉左氏而傳矣左傳所載名公鉅卿嘉言懿行大旨多出入於道家所謂歷記古今存亡禍福成敗之道眞粹然史官舊學也劉知幾史通惑經申左五行錯誤襍駮等篇僅以左氏本事箴砭二傳而略於史學惟汪容甫左傳釋疑能見及此余別有專篇討論之素臣之

功爲何如哉雖然謂左氏傳爲周公典策之遺則可謂周公典策之遺爲足盡孔子筆削之大義則不可孔子之作春秋也立新王之道變周文從殷質將以通三統也而周公之舊典禮經則一代之制耳一代之制其不足備後王損益明矣且觀左傳之發凡言例也一則曰凡諸侯嫁女再則曰凡諸侯之喪三則曰凡諸侯同盟四則曰凡諸侯薨於朝會五則曰凡諸侯之大夫違告於諸侯明魯國舊史乃周公爲諸侯立法者也若春秋則天子之事矣今以侯國方策厠諸天子之閒其爲倒置豈祗僭越王章而已耶此西漢儒者所以不認左傳爲經恐其與孔子口說相亂也自東京板蕩五經家敗績失據周公典策之遺

與孔子之口說始并爲一談而左氏遂獨爲治春秋者所宗矣其禍皆由晉之杜預氏始何則左傳初興多古言古字學者傳訓故而已劉歆欲廣道術引傳文以解經至謂左邱明好惡與聖人同劉歆但謂傳聞之略不如親見之詳乃指春秋本事而言非謂口說也故王充亦言諸家去孔子遠遠不如近聞不如見當時辨三傳者謹愼如是鄭興從歆講正大義使撰條例章句訓詁賈徽亦從歆受學傳子逵雖史官譏其附會文致最差貴顯然猶不敢盡以口說誣左氏也至預著集解乃翩然舉古說而反之其言曰古今言左氏春秋者多矣今其遺文可見者十數家大體轉相祖述進不成爲錯綜經文以盡其變退不守邱明之傳有所未通沒而不說而更膚引公羊穀梁適足自亂預今所以

爲異專修邱明之傳以釋經經之條貫必出於傳傳之義例總
歸諸凡推變例以正褒貶簡二傳而去異端觀杜氏自序與諸家不同則知其變古之罪矣便詞巧說自成一家誣邱明之盛誼背先師之舊訓眞揚
雄所稱雖小辯終破大道者也晉書儒林傳劉兆以春秋一經而三家殊塗諸儒是非之議紛然互爲讐敵乃思三家之異合而通之周禮有調人之官作春秋調人七萬餘言皆論其首尾使大義無乖時有不合者舉其長短以通之又爲春秋左氏解名曰全綜公羊穀梁解詁皆納經傳中朱書以别之汜毓亦嘗合三傳爲之解注撰春秋釋疑是當時說春秋者雖混合家法猶未若杜氏既以書法誣邱明又思簡去二傳之悍也且預亦知左氏身
爲國史躬覽載籍其發凡以言例皆經國之常制周公之垂法
史書之舊章矣杜氏雖以左氏書法附會孔子口說思簡二傳然終不敢謂左氏非國史此亦欲蓋彌彰者矣
而猶欲以左氏諸稱書不書先書故書不言不稱書曰之類穿

鑿聖經豈素王受命垂教之書不及魯史舊例耶余謂於兩漢經師皆不妄下攻擊以其口耳相傳授受有源流也惟於南北派則其例稍寬杜氏說經實首變兩漢家法而開南北派之先聲者故敢贊而辨之

唐工部尚書陳商立春秋左傳學議曰孔聖修經褒貶善惡類例分明法家流也左邱明爲魯史載述時政以日繫月修其職官本非扶助聖言緣飾經旨蓋太史氏之流也案史記中引左傳者極多蓋太史公本舊史之苗裔源出道家而左氏一書則專詳春秋之本事故子長述史不敢遺焉非與孔子口說相辨也舉其春秋則明白而有實合之左氏則叢雜而無徵杜元凱曾不思夫子所以爲經當與詩書周易等列邱明所以爲史當與司馬遷班固等列取二三義乖刺不侔之語參而貫之故微旨有所未周宛章有所未一規杜之過可謂持平矣晉書王接亦謂左氏自是一家

書不主爲經發揆與杜氏耳目相接尤爲公論然則世之學者甚勿信杜氏讕言妄謂左氏可與公穀可奪使周公典策之遺蒙後儒之詬病也

問者曰周官與十七篇殊科左氏專詳春秋之本事是固然矣若古文毛詩傳則七十子後學之授受列諸載籍千古無異議焉子謂古文非孔子口說其何以處毛傳乎曰毛傳傳於世者雖無聚訟然其故頗難言矣案毛詩之授受兩漢不少概見獨詳於吳陸璣草木蟲魚疏疏云孔子刪詩授卜商商爲之序以授魯人曾申申授魏人李克克授魯人孟仲子仲子授根牟子根牟子授趙人荀卿荀卿授魯國毛亨亨作詁訓傳以授趙國毛萇時人謂亨爲大毛公萇爲小毛公以其所傳故名其詩曰

毛詩而經典敘錄則引吳徐整云子夏授高行子高行子授薛倉子薛倉子授帛妙子帛妙子授河間人大毛公爲詩故訓傳於家以授趙人小毛公名萇小毛公爲河間獻王博士陸璣與徐整爲同時人其所言毛詩授受之源流已不同如此矣再徵之蓺文志志敘詩學家派曰又有毛公之學自謂子夏所傳而河間獻王好之未得立自謂者人不信之之辭也本近代魏默深論班固之志蓺文本於劉歆七略在陸璣徐整之前使毛傳眞爲子夏所傳班氏何難詳著之而必作疑詞以誤後人豈辨章舊聞者而爲此哉是毛傳之授受不明固確有佐證也毛傳祇可謂非孔子口說不得謂非七十子後學所傳故漢志於此僅有微詞倘因而集矢毛傳則又失說經謹愼之意矣授受不明四字學者當善會

之且余嘗取其傳諷之矣所說諸詩皆太史采詩之義而非孔子删詩垂教之義何言乎太史采詩之義采詩者采取民俗歌謠以爲天子諸侯政教興衰之應而太史因以諷諫焉此周公當日設官之精意也故其爲用有六曰風曰賦曰比曰興曰雅曰頌而其大别則有四曰風曰雅曰頌以一國之事繫一人之本謂之風言天下之事形四方之風謂之雅美盛德之形容以其成功告於神明謂之頌是謂四始（雅有大小故曰四始鄭志答張逸曰風也小雅也大雅也頌也此四者人君行之則爲興廢之則爲衰）皆太史所采警導於王使以是經夫婦成孝敬厚人倫美教化移風俗者也是以關雎麟趾之化王者之風也則繫之周公鵲巢騶虞之德諸侯之風先王之所以

教也則繫之召公其餘采之何國則以何國之風繫之至懿王以後民勞板蕩禮義陵夷國異政家殊俗所采諸詩既不歸乎今王之政教則別其名曰變風變雅以見先王之澤猶未盡泯焉所謂國史明乎得失之迹傷人倫之廢哀刑政之苛吟詠情性以風其上達於事變而懷其舊俗者實三百五篇之開宗明義也如關雎五章康王時詩也而太史采之則以著文王思賢之化焉鼓鐘四章昭王時詩也而太史采之則以著幽王淫樂之感焉東門之枌好巫之所作也而太史采之則以刺陳幽公風化之荒淫焉相鼠有皮諫夫之所賦也而太史采之則以美衛文公禮儀之能正焉鄭志答張逸曰國史采衆詩時明其好惡令瞽矇歌之其無作主皆國史主之

令可歌是采詩專主觀民好惡不主本事也然亦有詳具本事者如頌人燕燕于飛式微諸篇所謂據書直書則警導人君之意自見故鄭又云作詩者一人而已其取義者一國之事變雅則譏王政得失閔風俗之衰所憂者廣發於一人之本身此其例也昔吳季札觀於周樂其所歌卽太史采詩之舊第而其所論亦卽太史采詩以觀政教興衰之本義證以毛詩無不合若符契然則毛詩專本太史采詩之義以說詩已無疑義而與孔子删詩垂教者固有不同矣或曰鄭康成詩譜敘言孔子錄懿王夷王時詩訖於陳靈公淫亂之事謂之變風變雅今謂變風變雅出於太史其有說歟曰變風變雅之名蓋太史所舊定而孔子因而錄之耳孔子删述六蓺也皆本先王之舊史加以王心未嘗增益其所無卽春秋侯國之典策筆而削之亦不過致謹

於日月褒貶之間而已此素王垂教之通例也若如鄭君言以變風變雅爲孔子所特創則是孔子補詩而非刪詩矣且鄭君說詩每兼三家變風變雅毛傳明言國史之所爲則鄭君此序必非毛義也安得據此孤證而謂毛傳實出孔子口授耶說見案詩

雖然此不可鄙夷毛傳也何則毛傳所載皆周公致太平之迹雖非孔子口說而有周一代之政教實賴以傳焉詩譜敘曰周自后稷播種百穀黎民阻飢茲時乃粒陶唐之末中葉公劉亦世修其業以明民共財至於太王王季克堪顧天文武之德光熙前緒以集大命於厥身遂爲天下父母使民有政有居其時詩風有周南召南雅有鹿鳴文王之屬及成王周公致太平制

禮作樂而頌聲興焉盛之至也觀鄭君序詩推原於周家創業之艱難及周公之制作亦可以見太史采詩之微意矣六藝論曰自書契之興朴略尚質面稱不爲諂目諫不爲謗君臣之接如朋友然斯道稍衰姦僞以生上下相犯及其制禮尊君卑臣君道剛嚴臣道柔順於是箴諫者希情志不通故作詩以誦其美而譏其過制禮莫盛於周公則太史采詩亦必周公所定故文心雕龍曰公旦多材制詩緝頌可證毛義之所本也故周南召南文王之詩也而列冠篇首所以尊周公也商頌上述元鳥周公監於前代之旨也邠風多詩稼穡周公陳誦於後王使無忘先業也魯升爲頌明周公得備天子禮樂也王降於風明周公德澤在民雖衰而不亡也當曰周公攝政治國之規模纖悉如此今去之數千年猶可想見其盛焉苟無毛傳則先王之舊典禮經皆澌滅而無遺矣是其

功烈豈在三家之下哉而奈何爲古文者既以舊史誣孔子之口說而爲今文者又以口說薄周公之舊史致太平徽烈封部於聲韻訓詁之中不能與三家同其論定爲眞毛傳一大不幸矣余故不憚反復明辨通方之君子或不以衞言爲河漢也

右古文三家曰周官曰左氏傳曰毛氏傳既詳著其學術源流矣若易古文費氏家法久亡雖有王輔嗣注而後起故訓不足以定先師之本旨書古文孔氏尚在眞僞聚訟之時孔氏尚書經之眞贗無足辨者若傳則頗多可議如梅鷟攻其注禹貢瀍水出河南北山一條積石山在金城西南羌中一條朱彝尊攻其注書序東海駒驪扶餘馯貊之屬一條皆無解於駁者之口意者孔傳晚出後人有所竄入歟至近儒疑爲王肅僞作則殊不然考禹貢三百里蠻傳云以文德蠻之孔沖遠疏鄭云蠻者聽從其俗羈縻其人故云蠻蠻之言緡也王肅云蠻慢也禮儀簡慢與孔

異洪範農用八政傳云農厚也厚用之政乃成疏鄭云農讀爲醲則農是醲意故爲厚也張晏王肅皆言農食之本也食爲八政之首故以農言之然則農用此爲一食不兼八事非上下之例故傳不取足證與肅說不同陳氏澧謂肅故爲不同以擠其作僞之迹此則深文之言非定讞也余皆不得而論次焉考辨粗定爰總而說之

曰昔周公以多才多藝之大聖人攝天子之位制禮作樂三代之治典於斯爲盛我孔子思存前聖之業有德無位不能不假周公之舊史制法後王其中有因乎舊史者亦有本舊史之文別創義例者故古文諸說多有與今文家從同之義然此從同之義祗可謂孔子取諸舊史觀答顏淵爲邦可見不可謂舊史皆孔子之口說況其同者少而不同者多乎夫孔子大聖人也周公亦大聖人也周公之聖爲一代致太平孔子之聖則爲萬世立名教

孔子之微言大義莫備於今文周公之典章法度亦莫詳於古文古文明而後周公致太平之道明周公致太平之道明而後孔子損益舊史垂教萬世之義亦明苟知此義則古今文之鬨可以不作矣古文流別不一最爲難定周官一經似孔子定禮之餘左氏專詳本事雖與二傳異趣然謂其親見聖人爲春秋作傳亦不爲誣不得但以相斫書目之毛傳尤多儒家之言縱非口說亦必七十子後學之別傳故西京雖未立學官而儒者著書動見徵引特所載多三代制度非孔子制法後王之義耳孟子曰余豈好辨哉余不得已也豈與夫守文之徒滯固所稟較其區區也耶六藝歸孔氏本有兩派古文經國之業多詳於政今文經世之業多闕於教政之條緒綦繁當於外篇具之

明師

昔班固之敘諸子略也儒家則曰蓋出於司徒之官道家則曰

蓋出於史官陰陽家則曰蓋出於羲和之官法家則曰蓋出於理官名家則曰蓋出於禮官墨家則曰蓋出於淸廟之守從橫家則曰蓋出於行人之官襍家則曰蓋出於議官農家則曰蓋出於農稷之官小說家則曰蓋出於稗官兵家則曰蓋出於司馬之職誠以世之治也學術皆聚於官守在官者以吏爲師先王經世之術未有庶民得而私習者也自六典廢而百家興人各安其所學而後師道始上補政敎之不逮矣以余考之百家之學莫盛於儒家儒家身通六蓺者七十二人無不以孔子爲師矣而抑知孔子固師老聃乎其後田子方段干木吳起禽滑釐皆受業於子夏之倫呂覽當染篇孔子學於老聃孟蘇夔靖叔子貢子夏曾子學於孔子田子方學

於子貢吳起學於曾子所載較史記尤詳孟子受業於子思之門人而荀卿書中盛稱仲尼子弓或曰子弓卽仲弓論語微子篇朱張音義引王弼注朱張字子弓荀卿以比孔子余按論語所舉逸民皆孔子前人而荀卿以子弓繫於仲尼之下必非朱張王說誤矣是則荀孟諸賢皆孔子再傳弟子也至於道家漢志有文子蜎子謂爲老子弟子是老子眞道家鼻祖矣然班志又載常從日月星氣二十一卷師古注所謂老子師之者也或曰商容也淮南子繆稱篇亦云老子學商容見舌而知守柔矣則老子固嘗師事商容也若學於老子者有庚桑楚有柏矩老子之後又有河上公史記樂毅傳贊云樂臣公學黃帝老子其本師號曰河上丈人不知其所出河上丈人教安期生安期生教毛翕公毛翕公教樂瑕公樂瑕公教樂臣公樂臣公教

蓋公蓋公教於齊高密膠西爲曹相國師樂臣公史記一作樂巨公漢書田叔好劍學黃老術於樂鉅公卽一人由是觀之固不獨列子之師伯昏瞀人淮南又云列子學壺子觀景而知持後矣老成子之師尹文先生爲道家累世之重光矣案兩漢學道家者流多如劉德少修黃老術常持老子知足之計直不疑亦學老子言鄧公子章以修黃老言顯諸公間景帝時王生善爲黃老言汲黯學黃老言治官民好淸靜鄭當時亦好黃老言其慕長者如恐不稱太史談則習道論於黃子楊王孫學黃老之術耿況與王莽從弟伋共學老子於安邱先生任隗少好黃老淸靜寡欲鄭均少好黃老書樊準父瑞好黃老言淸靜少欲淳于恭善說老子不慕榮名翟酺好老子蔡勳好黃老矯愼少學黃老皆見於列傳中此亦道家傳習之可考者也名家始於尹文公孫龍尹文子楊倞謂宋鈃弟子鈃爲小說家然余觀莊生天下篇往往以尹文與鈃同稱意其源流之所漸歟公孫龍嘗學於孔子說者因謂仲尼弟子或曰卽子石也是龍

之師承在儒家矣蓋正名原於禮儒家固以禮爲先者也又別錄言龍及其徒綦毋子之屬論白馬非馬之辨而龍書亦載孔穿願學之言高誘注呂覽遂謂穿爲龍之弟子若然則公孫龍之後不又有綦毋子與孔穿乎由是觀之名家徒侶之盛可想見矣法家之有韓非子固嘗與李斯同學於荀卿者也至於商君之師則尸佼也故班固漢志襍家尸子二十篇注云秦相商君師之豈非以襍家合名法而商君僅傳其法家一派耶抑余又讀漢書史記矣於韓安國傳則曰受韓子襍說鄒田生所於晁錯傳則曰學申商刑名於軹張恢生所與洛陽宋孟及劉帶同師是亦可見法家之傳授至漢猶未絕也墨家說者莫不以

爲祖墨子然余觀呂覽曰魯惠公請郊祀之禮天子使史角往其後在魯墨子學焉而淮南又曰墨子學儒者之業修孔子之術則墨子蓋學無常師者也故當日流派之廣幾與孔子中分其盛其稱巨子者則有若腹䵍孟勝爲有若隨巢胡非爲有若墨者夷之爲其別爲三墨者則有若相夫氏相里氏鄧陵氏爲其再傳弟子則有若莊生所載相里勤之弟子五侯之徒南方之墨者苦獲已齒鄧陵子之屬焉而呂氏春秋當染篇亦云禽滑釐學於墨子許犯學於禽滑釐田繫學於許犯尊師篇則云高何縣子石學於子墨子索盧參學於禽滑黎語曰楊墨之言盈天下豈欺我哉此皆諸子師承之可考見於書者也至若從

橫家蘇秦張儀同學於鬼谷先生縱家尉繚亦嘗師之兵家孫臏與龐涓同師田駢則學於彭蒙孟孫陽心都子師事楊朱若斯類者尤爲更僕難數矣兩漢子學式微其猶有可考者如漢書田蚡辯有口學盤盂諸書孟康注孔甲盤盂二十六篇縱家書兼儒墨名法者也邊通學短長主父偃亦學長短從橫術東方朔十九學孫吳兵法戰陣之具鉦鼓之教誦二十二萬言齊有騶先生善爲司馬兵法周紂爲人刻削少恩好韓非之術陽球性嚴厲好申韓之學此皆師傳幸存偶見於史不可謂非九流之一綫也雖然不但諸子皆有師承而已卽六藝之傳亦莫不然余讀聖賢羣輔錄云顏氏傳詩孟氏傳書漆雕氏傳禮仲梁氏傳樂樂正氏傳春秋公孫氏傳易惜其師承皆無可徵有可徵者則若如子夏荀卿二家經典敘錄毛詩引徐整曰子夏授高行子高行子授薛倉子薛倉子授帛妙子帛妙子

授河間人大毛公毛公爲詩故訓傳於家以授趙人小毛公一
曰子夏傳曾申申傳魏人李克克傳魯人孟仲子孟仲子傳根
牟子根牟子傳趙人孫卿孫卿子傳魯人大毛公由是言之
毛詩子夏之傳也公羊傳徐彥疏引戴宏敘曰子夏傳與公羊
高高傳與其子平平傳與其子地地傳與其子敢敢傳與其子
壽至漢景帝時壽乃與齊人胡毋子都著於竹帛何休注亦同
由是言之公羊春秋子夏之傳也穀梁傳楊士勛疏曰穀梁子
名俶字元始受經於子夏爲經作傳風俗通云穀梁子名赤子
夏弟子麋信則以爲秦孝公同時人而論衡案書篇又稱穀梁
寘顏師古藝文志注又云名喜說者因謂穀梁子有四名矣然

古無易名之典蓋亦如公羊高五世相授非一人耳由是言之穀梁春秋又子夏之傳也荀卿既承子夏傳毛詩矣而漢書楚元王傳曰少時嘗與魯穆生白生申公同受詩於浮邱伯伯者孫卿門人也鹽鐵論云包邱子與李斯俱事荀卿劉向敘云浮邱伯受業爲名儒漢儒林傳亦曰申公魯人也少與楚元王交俱事齊人浮邱伯受詩又云申公卒以詩春秋授而瑕邱江公盡能傳之由是言之魯詩荀卿之傳也經典敘錄曰左邱明作傳以授曾申申傳衛人吳起起傳其子期期傳楚人鐸椒椒傳趙人虞卿卿傳同郡荀卿名況況傳武威張蒼蒼傳洛陽賈誼由是言之左氏春秋亦荀卿之傳也劉向稱荀卿善爲易今其

書不傳然荀子書時引仲尼子弓或以爲仲弓或以爲馯臂子弓經典敘錄周易曰孔子晚而好易爲之傳自魯商瞿子木受易於孔子以授魯橋庇子庸子庸授江東馯臂子弓子弓授燕周醜子家子家授東武孫虞子乘子乘授齊田何子莊及秦燔書易爲卜筮之書獨不禁故傳授者不絕由是言之周易商瞿之傳而荀卿又商瞿之別支也嗟乎自六藝折入儒家孔子之後源遠而流長不失其傳者豈非子夏荀卿之功哉要之古人學術皆是口耳相授其微言大義非親受業者蓋有不能盡聞者矣後世以竹帛代口耳之傳務記誦而薄口說師道之衰蓋自此始也余故粗考諸子六藝師承可見者著於篇以爲疏通

知遠之君子尚論之助其兩漢傳經授受則別具經師篇此不備云

明教

敢問教之興何自始乎曰始於孔子曰三代以上無教乎曰有曰三代以上既有教矣則何爲始孔子曰三代以上之爲教與我孔子之爲教其廣狹益不同科矣三代以上貴族封建政體也其設教也範圍至百姓而止上不及於帝王而下不及於民三代時能誦習六藝以治民者謂之君子或曰夫子皆有德有爵者之通稱故鄭康成注少儀曰君子卿大夫若有異德者孔穎達疏左傳曰身爲大夫乃稱夫子書傳所載未有言及庶民教育者可徵封建貴族制度之一端也何以言之三代以上帝王皆聖人在天子之位者也作之君作之師萃於

一身未有八君敢自放於禮法者故政與教皆自天子出而天子超然於政教之外所以示尊無二上也三代以上之民皆萌虜也說文民眾萌也禮記有民虜之稱劉知幾史通自序民者冥也冥也冥然罔知也孝經援神契毛詩箋皆同此說此古人稱民之正義不知教訓不知話言聖人以刑齊之使受約束奉租稅而已所以示賤不屑道也曲禮禮不下庶人刑不上大夫孔穎達疏謂庶人貧無物又分地是務不暇燕飲白虎通云禮為有知制刑為無知設禮謂酬酢之禮不及庶人勉民使至於士也皆貴士賤民之意若百姓則皆貴族之父兄子弟因生賜姓與國終始者鄭康成注尚書百姓羣臣之父兄子弟齊之以刑則傷骨肉之恩犯而不校則違朝廷之法於是顓設司徒一官董其教務焉故教也者所以佐政之不逮而坊於未然者也觀虞廷之命契曰百姓不親五品不遜汝作司徒

敬敷五教在寬獨以百姓爲言亦可見當日建官之初意矣後世天子失官典章制度治天下之具掃地盡矣孔子崛起儒家愳暴君污吏之接跡於史策也刪述先王之六蓺以贍養之詩書序其志禮樂純其養易春秋明其知自是厥後堯舜禹湯文武周公之舊史全歸孔氏而垂教之所及始上包乎帝王而下被於百姓與民矣蓋三代以上未有以匹夫而爲萬世帝王之師者以匹夫而爲萬世帝王之師實自我孔子始刪述六蓺以爲萬世帝王師表此惟孔子爲然張衡應閒曰仲尼不遇故論六經以俟來辟蓋東周官失聖人不得已而爲之耳後人學之則僭妄矣故孔子語弟子專在儒術憂世之心最爲深遠儒者傳習既久遂不敢以萬世帝王之師論定孔子此則局於後代時勢之論孟子曰誦其詩讀其書不知其人可乎是以論其世也中庸曰舟車也甚矣不知論世知人之法不可以讀古書也

所至人力所通凡有血氣者莫不尊親淮南曰孔子專行教道以成素王此之謂也

古之時不爲帝王立教所以尊帝王也而帝王固非不學無術也帝王之術太史氏實掌焉其後衍爲道家漢志曰道家者流蓋出於史官歷紀成敗存亡禍福古今之道然後知秉要執本淸虛以自守卑弱以自持此君人南面之術也旣爲君人南面之術則必非百姓所能預聞與儒家助人君順陰陽明教化者不相謀矣嘗求其故蓋百姓者事人者也但使之父義母慈兄友弟共子孝恂恂於法度之中爲保家令主足矣帝王則爲人所事者也必有陰謀至計可以龓有天位者焉董子蕃露深察王號之大意其

中有五科皇科方科匡科黃科往科合此五科以一言謂之王王者皇也王者方也王者匡也王者黃也王者往也是故王意不普大皇則道不能正直而方道不能正直而方則德不能匡運周徧德不匡運周徧則美不能黃美不能黃則四方不能往四方不能往則不全於王深察君號之大意其中亦有五科元科原科權科溫科羣科合此五科謂之君君者元也君者原也君者權也君者溫也君者羣也是故君意不比於元則動而失本動而失本則所爲不立所爲不立則不效於原不效於原則自委舍自委舍則化不行用權於變則失中適之宜失中適之宜則道不平德不溫道不平德不溫則衆不親安衆不親安則離散不羣離散不羣則不全於君蓋古者君人由一羣而齊元首必其人聰明天亶而又能澤被生民因禍爲福轉敗爲功育非常人所得竊測者君王正名各具五故道家於善敗強弱興科闕一則不全道家所闕實其內術也

衰之故言之不厭反復所以致警於後王者不得不然也若以百姓所行教帝王以帝王所術教百姓是何異執方柄而納圓鑿乎知此則知孔子以儒家上兼道家之微意也孔子以儒家

上兼道家也葢欲範萬世爲人君爲人臣爲民爲士（蕃露士者事也民者瞑也士不及化可使守事從上而已士卽百姓）同納諸軌物之中而不使一夫失其所也東郭子惠問於子貢曰夫子之門何其襍也夫子聞之曰修道以俟天下來者不止是以襍也嗟乎修道以俟天下此孔子之教所由大而無外歟

三代以上帝王無經也史而已矣三代以上帝王無教也政而已矣六藝皆三代之典章法度太史職之以備後王顧問非百姓所得而私肄也自六藝歸於儒家三代之典章法度一變而爲孔氏之教書而後經之名始立故經也者因六藝垂教而後起者也後世辟儒其知六藝爲史者鮮矣其知六藝由史而爲

經者眞鮮矣知六藝爲史者輓近獨一章實齋可謂好學深思不隨流俗之士也然章氏祇知六藝之爲史而不知六藝之由史而爲經故其持論曰古之所謂經乃三代盛時典章法度見於政教行事之實而非聖人有意作爲文字以傳後世也又曰六藝皆周公之典章孔子有德無位不敢操制作之權惟取周公典章中而明之所以學周公也夫六藝爲周公之典章法度是固然已然典章法度歷代不相沿襲者也六藝雖周公舊史苟非經孔子删定纂修垂爲萬世不刊之經又何取乎歷代不相沿襲之典章法度以垂教後王也且如章氏言則後世會典通禮其爲政教行事之實豈不更切於周公之典章法度乎而

章氏何以不與六藝並列爲經也既不列會典通禮於經而獨奉孔子手定之六藝爲經則六藝因孔子而重而非因周公之典章法度而重亦可知矣如此而猶謂孔子不敢操制作之權何其視聖人不如一鈔胥哉以鈔胥爲聖人宜其推大成於周公而不知孔子爲萬世之教祖也（章氏議揚雄太元王通元經以爲蹈於僭竊王章之罪而不知六藝既歸孔子立爲萬世不刊之書則揚氏王氏之擬經誣聖之罪大而僭王之罪反小矣章氏終身不識六藝爲孔子之經故其持論相背繆如此）然則欲辨孔子之爲教宜何道之從曰欲辨孔子之教亦惟正經與史之名而已經與史之區分政與教之所由判也由前而言六藝皆三代之政也故謂之爲史由後而言六藝皆孔子之教也故謂之爲經史主於記事經主於明義蓋

子述孔子修春秋之旨曰其事則齊桓晉文其文則史其義則某竊取之以春秋之爲魯史而孔子竊取其義焉則經固分尊常尊矣春秋緯曰禮經三百又曰春秋經文備三聖之度孝經緯曰易建八卦序六十四卦轉成三百八十四爻運機布度其氣轉易故稱經五經之本自孔氏皆謂素王而與陳壽范曄較優劣耶故曰經者因六藝垂教而後起者也

或曰若如子言則孔子何不自作一經以教萬世而必取周公典章法度之舊史刪之定之筆之削之不蹈於僭竊王章之罪歟曰此未明乎三代時勢之言也三代以上非王者不議禮不制度不考文孔子在庶有德無位即無從操制作之權若自作一經以代六藝則蹈於僭竊王章之罪矣豈刪定筆削之謂乎

刪定筆削所謂述也非所謂作也述者引申舊學以發明六藝之大義者也如儒道二家皆先王典守之遺而孔子一以貫之卽其例矣述者本古人未傳之義推而衍之之謂六藝經孔子手定皆有口說卽述也後人僅以鈔錄史文爲述失其旨矣抑更有說者孔子纂修六藝以垂教萬世所以明先王之道也明先王之道必引先王已行之事實指證之而事實不可以僞造也茍非取周公典章法度之舊史以示義例又豈可杜撰一子虛烏有之書如莊列之寓言七發七林之假設問答哉孔子嘗言予欲託之空言不如見之行事深切著明是孔子之於六藝惟恐其不出於周公舊史也而今人反因六藝皆周公之舊史而謂孔子不當刪定筆削焉亦可謂知二五而不知一

十矣雖然舊史之事實已陳之芻狗也而非經孔子删定筆削則不能傳世而行遠昔司馬遷采國語世本國策楚漢春秋述史記而命意則在紹明世正易傳繼春秋本詩書禮樂之際班固采史記述漢書而命意則在緯六經綴道綱二子皆遵師孔子者也以二子之書别識心裁觀之則可知孔子之删定筆削雖因乎舊史又不可謂舊史之典章法度爲足盡素王之義例矣此政與教之所以不同也

昔章實齋有言周公集典章法度之大成以行其政孔子集周公之政以明其教因以爲政見實用而教垂空言儒生崇性命而薄事功皆由於盛推孔子過於堯舜也若然則垂教者絀於

行政矣豈我孔子垂教之本意乎曰此章氏之謬言也政與教豈可以實用空言分優劣哉自周公至今日凡幾姓矣典章法度未聞仍沿用周公之創制然而人莫不有親莫不知孝其親莫不有長莫不知敬其長則自有天地以來未聞有改焉者也夫典章法度所謂政也孝親敬長所謂教也孰可實用孰可空言必有能辨之者若如章氏言以爲政見實用耶吾未聞後世天下可以實行數千載上周公之典章法度者也以爲教垂空言耶吾未聞有親可以不孝有長可以不敬者也章氏以輓近之人服輓近之服言輓近之言不責人孝親敬長而望人實行周公之典章法度亦可謂進退失據矣唐田再思議服制曰若以庶事朝儀一依周禮

則古之臣見君也公卿大夫贄羔雁珪璧今何故不依乎周之用刑也墨劓宮刖今何故不行乎周則侯甸男衛朝聘有數今何故不行乎周則不五十不仕七十不入朝今何故不依乎周則井邑邱甸以立征稅今何故不行乎周則分土五等父死子及今何故不行乎周則冠冕衣裳乘車而戰今何故不行乎周則三老五更膠序養老今何故不行乎諸如此例不可勝述田氏此論可謂痛切矣倘以此反詰章氏吾知章氏雖辯將無從置答也且實用空言亦視後人力行者何如耳無論政教皆有力行不力行之分如能力行不但典章法度切於日用即一時清議亦有移風易俗之效如東漢黨錮主昏於上俗清於下其明著也若不能力行則兩者均不免流蔽矣豈可以此差等周孔之優劣哉即使差等周孔之優劣無啻謂孔子賢於周公何則周公之政歷代沿襲不同者也孔子之教天不變道亦不變者也天下有敢於更張周公典章法度之人必無敢於滅裂孔子名教之人周公創制典章法度以爲一世致太平孔子本周

公之典章法度加以王心以爲萬世立名教爲一世致太平故
於事實爲加詳爲萬世立名敎故於義例爲最密荀卿曰君者
合羣善也人
君立政當視羣治之汙隆而補救之故政治因時爲變通而有
不變者存不變者聖人創造制度之本原所謂敎也蓋天道運
行無平不陂無往不復聖人爲之酌盈劑虛歸之於中如此則
天人無偏勝之蔽而羣治進矣春秋緯天人同度正法相受天
垂文象人行其事謂之敎說文敎上所施下所效也孔子刪述
六經卽發明天人相受上施下效之誼與異邦宗敎家微殊余
別於外篇
詳論之先聖後聖其救世之心雖同而功烈則不可同年而
語矣此宰我所以盛推孔子過於堯舜也唐程浩孔子廟碑曰
夫子聖人也帝之聖
者曰堯王之聖者曰禹師之聖者曰夫子堯之德有時而息禹
之功有時而窮夫子之道久而彌芳遠而彌光用之者昌捨之
者亡蓋堯舜禹湯文武周公雖大
聖人實待我孔子稱述而後顯耳宰我之言見述於孟子使孟
子而崇性命薄事功則章氏議之是矣使孟子而非崇性命薄

事功也則章氏誣聖之罪爲何如哉

章實齋先生書博學詳說余所服膺惟斯言則害於道由其知史而不知經也觀其答客問曰典章事實作者之所不敢忽蓋將即器而明道耳道不明而爭於器實不足而競於文其弊與空言制勝華辯傷理者相去不能以寸焉又曰夫子未删之詩書未定之易禮春秋皆先王之舊典也然非夫子之論定則不可以傳之學者是先生亦不能堅守其前說矣故敢竊附於諍友之列贊而辨之蓋以愛護前賢而祛來學之惑耳讀者幸勿以立異罪我孟劬自記

今世之誦法六藝者無不競言漢學矣抑知兩漢儒者通經之法乎夫六經者先王經緯宇宙之粲然者也我孔子纂焉敘書則斷堯典稱樂則法韶舞論詩則首周南綴周之禮因魯春秋舉十二公行事繩之以文武之道成一王法至獲麟而止晚而好易讀之韋編三絕而為之傳皆因近聖之事以立先王之教所以繼往古開來學而定萬世太平之業者蓋若是其勤勤也贊易不取連山歸藏而獨取周易敘書不取周書七十一篇而獨取尚書定禮不取周官而獨取士禮作春秋不取晉乘楚檮杌而獨取魯史皆聖人損益三代之微義也故匡衡曰臣聞六經者聖人所以統天地之心著善惡之歸明吉凶之分通人道之正使不悖於其本性者也故審六藝之指則天人之理可得而和草木昆蟲可得

而育此永永不易之道也及論語孝經聖人言行之要宜究其意翼奉曰臣聞之於師曰天地設位懸日月布星辰分陰陽定四時列五行以視聖人名之曰道聖人見道然後知王治之象故畫州土建君臣立律歷陳成敗以視賢者名之曰經賢者見經然後知人道之務則詩書易春秋禮樂是也班固亦曰古之儒者博學乎六蓺之文六學者王教之典籍先聖所以明天道正人倫致至治之成法也由是觀之則六經之所包廣矣上佐人君而明教化下詔後學而啟多聞內聖外王之道舉於六蓺焉徵之所謂通經致用者此物此志也豈徒資爲華藻鞶帨之美觀而已耶或曰六蓺經傳以千萬數累世不能通其學當年

不能究其禮此太史公所以致譏於儒者也將何所據以爲致
用之實歟曰此不善讀六藝之過耳莊生有言世之所貴道者
書也書不過語語有貴也語之所貴者意也意有所隨意之所
隨者不可以言傳也惟心知其意而勿泥於其言而後六藝之
道皆可推之而通矣何則六藝之爲書也雖其所言至於千萬
而大義則一而已故繫詞述學易之法曰化而裁之存乎變推
而行之存乎通神而明之存乎其人後儒苟能本此義以通易
吾知六十四卦可坐而定焉孟子述學詩書之法曰說詩者不
以文害辭不以辭害意以意逆志是爲得之又曰盡信書則不
如無書吾於武成取二三策而已矣淮南亦曰誦詩書者期於

通道略物而不期於洪範商頌後儒苟能本此義以通詩書吾知一百二篇三百五篇可起而行焉七十子後學述學禮之法曰禮之所尊尊其義也失其義陳其數祝史之事也故其數可陳也其義難知也知其義而敬守之天子之所以治天下也後儒苟能本此義以通禮吾知十七篇之經無聚訟之蔽矣董仲舒述學春秋之法曰見其指不任其辭不任其辭然後可與適道矣後儒苟能本此義以通春秋吾知十二公之紀無束閣之歎矣

荀子曰善爲詩者不說善爲易者不占善爲禮者不相其心同也董子蕃露曰詩無達詁易無達占春秋無達辭從變從義此皆古人治六藝者之通例自章句之學興而斯道隱矣宋人多言漢儒正音讀通訓詁考制度辨名物其功最博此不過尊據許鄭章句而言耳兩漢經師如伏生韓嬰董生賈誼何休其所著書今存者尚數種何嘗不以大義爲先乎 著

書必歸之於實踐立躬必束之於中庸勿以馳騁詞章誣聖經勿以破壞形體侮聖言夫如是又何患經學之不昌明哉經學昌明又何患不能致用哉余嘗觀於兩漢如楚王戊不爲穆生設醴穆生退曰易稱知幾其神乎幾者動之微吉凶之先見者也君子見幾而作不俟終日先王之所以禮吾三人者爲道之存故也今而忽之是忘道也忘道之人胡可與久處郎中令龔遂諫昌邑王賀曰夫國之存亡豈在臣哉願王內自揆度大王誦詩三百五篇人事浹王道備王之所行中詩一篇何等也王式爲昌邑王師昭帝崩王嗣位以行淫亂廢式繫獄當死治事使者責問曰師何以亡諫書式對曰臣以詩三百五篇朝夕授

王至於忠臣孝子之篇未嘗不爲王反復誦之也至於危亡失道之君未嘗不流涕爲王深陳之也臣以三百五篇諫是以亡諫書嚴彭祖以高第入爲左馮翊遷太子太傅廉直不事權貴或說曰天時不勝人事君以不修小禮曲意亡貴人左右之助經誼雖高不至宰相願少自勉彊彭祖曰凡通經術固當修行先王之道何可委曲從俗苟求富貴乎是數儒者固不愧經明行修之選矣至若江都相董仲舒內史公孫宏兒寬通於世務明習文法以經術潤飾吏事平當以經明禹貢使行河論議通明每有災異當輒傅經術言得失張敞以經術自輔表賢顯善不醕用誅罰匡衡數上疏陳便宜及朝廷有政議傅經以對言多法義孔光守法度修故事上有所問據經法以心所安而對吳良每處大議輒據經典不希旨偶俗以徼時譽亦皆能本六藝經世之指

實事求是而不爲訓詁章句所囿漢書中如劉向諸封事賈誼之奏董仲舒之對策谷永杜欽翼奉劉陶郅惲諸人之上疏引據經傳根極師法言尤愷切此皆六藝經世之大者足考兩漢時通經致用之盛余別有漢儒封奏稱經考此不具出此誠漢學之眞傳而言六藝者之所當取法也蓋所貴乎漢學者豈取其與宋儒角勝哉亦謂去古未遠能得我孔子刪定六藝之大義以裨世用耳乃今之爲漢學者吾惑焉自以爲明易矣問以吉凶同民之義而不知也自以爲明詩與書矣問以垂世立教之義而不知也讀禮則專詳宮室衣服器物之異同而安上治民之義則遜謝而不遑也讀春秋則專考輿地姓名歷數之沿革而撥亂反正之義則熟視而無覩也四庫七閣所著錄其書汗牛充棟眞有如淮南王所譏易之失也

卦書之失也敷樂之失也淫詩之失也辟禮之失也責春秋之失也刺者試之於事則疏用之於政則禍人家國尚囂囂然號召於天下曰我漢學也我漢學也吾恐漢儒叱之而不受矣（風俗通曰儒者區也言其區別古今居則翫聖哲之詞動則行典籍之道稽先王之制立當時之事此通儒也若能納而不能出能言而不能行講誦而已無能往來此俗儒也故河間獻王有言實事求是謂即所講誦驗諸行事之實以求其至當不易之歸耳今漢學家所考皆古人陳迹事既不實又何從證其是哉能言而不能行謚爲俗儒殆不誣矣）班固藝文志曰古之學者耕且養三年而通一藝承其大體玩經文而已是故用日少而畜德多三十而五經立也後世經傳既已乖離博學者又不思多聞闕疑之義而務碎義逃難便詞巧說破壞形體說五字之文至於二三萬言後進彌以馳逐故幼童而守一

藝白首而後能言安其所習毀所不見終以自蔽此學者之大患也徐幹中論曰六籍者羣聖相因之書也其人雖亡其道猶存今之學者勤心以取之亦足以到昭明而成博達矣凡學者大義爲先物名爲後大義舉而物名從之然鄙儒之博學也務於物名詳於器械考於訓詁摘其章句而不能統其大義之所極以獲先王之心此無異乎女史誦詩內豎傳令也是則今之所謂漢學正古之人明詔學者懸爲厲禁者耳以古人厲禁舉世趨之而不知變此六藝所以博而寡要勞而少功也董仲舒有言能說鳥獸之類者非聖人所欲說也聖人所欲說在於說仁義而理之知其分科條別貫所附明其義之所審勿使嫌疑

是乃聖人之所貴而已矣不然傳於衆辭觀於衆物說不急之言而以惑後進者君子之所甚惡也嗟乎學者而不爲漢學則已學者而欲爲漢學其勿忘聖人之所欲說而爲君子之所甚惡也哉

朱子語類曰學者觀書先須讀得正文記得注解成誦精熟注中訓釋文意事物名義發明經指相穿紐處一一認得如自已做出來底一般方能玩味反復向上有透處若不如此只是虛設議論如舉業一般非爲已之學也曾見有人說詩問他關雎篇於其訓詁名物全未曉便說樂而不淫哀而不傷某因說與他道公而今說詩只消八字更添思無邪三字

共成十一字便是一部毛詩了其他三百篇皆成渣滓矣因憶頃年見汪端明說沈元用問和靖伊川易傳何處是切要尹曰體用一源顯微無閒此是切要處後舉似李先生先生曰尹說固好然須是看得六十四卦三百八十四爻都有下落方始說得此話若學者未曾子細理會便與他如此說豈不誤他某聞之悚然始知前日空言無實不濟事自此讀書益加詳細云案朱子此言蓋欲講大義者由名物訓詁以求實在下落也故斤斤以為己之學為言若如近儒專守名物訓詁而不知大義之所歸其為空言無實豈有異邪（凡不能起而行者皆謂之空言無實）雖然書不盡言言不盡意古人著書立言固未有

無蔽者余此篇專以大義詔人苟不善爲之則虛設議論亦與名物訓詁之害殊途而同歸耳朱子之言足爲龜鑑（余別著兩漢今古文家經義類徵十卷專詳於名物訓詁與此書相輔而行即朱子意也）學者博觀而審取焉庶於六藝之道可以思過半矣孟劬自記

史微卷第八終

壬子夏五屠守些書錄